Dit boek is gepubliceerd door:
Tirion Uitgevers BV
Postbus 309
3740 AH Baarn

Omslagontwerp: Ilja Gort & Caroline d'Hollosy (Books & Covers)
Typografie: Ilja Gort & Caroline d'Hollosy (Books & Covers)
ISBN 90 4390 715 4
Eerder verschenen in 2004 met ISBN 90 4390 542 9

www.tirionuitgevers.nl
www.tulipe.nl

Ilja Gort

Leven als Gort in Frankrijk

De vrolijke belevenissen van een Nederlandse wijnboer

TIRION

Met dank aan

Aernoud Oosterholt
Alain Montion
Alexander van der Meulen
Barbara Plugge
Buuf
Caroline d'Hollosy
David Morrison
Gert Zwitser
Hans Luijckx
Harold Hamersma
Hubrecht Duijker
Huub Fronen
Jacqueline Snoeker
Jan Cremer
Jan Peter Jansen
Klaas
Lennaerd Ravesloot
Marie-Thérèse LaGarde
Michel Polderman
Monsieur Moreau
Olivier Macouillard
Oscar Hammerstein
Papi Montion
Paul Bordes
Paul Huf
Philippe LaGarde
Pim de Roos
Rik Felderhof
Roel Kerckhoffs
Ronald Hoeben
Turf
Wilma Nanninga

Inhoud

Voor de oude Klaas, de jonge Klaas en Turf

Prologue

Als jongetje zag ik eens op een kampeerterrein aan een riviertje in Zuid-Frankrijk hoe de campingbaas in een oude eend zonder deuren over een stoffige landweg kwam aanscheuren. Hij was brood wezen halen in het dorp. Met ontbloot bovenlijf, gekleed in een versleten korte broek, stuurde hij het gebutste vehikel langs de met klaprozen bespikkelde graanvelden. Slechts een in de ledige deuropening heen en weer zwaaiende ketting scheidde hem van het zonovergoten landschap. Dit beeld trof mij als een kanonskogel en etste zich diep in mijn hersenschors.

Het flitste door me heen: 'Zó wil ik leven. Hier wil ik wonen.'

Frankrijk

'Schat, ik heb goed nieuws en slecht nieuws. Het goede nieuws: we hebben een leuke klus die flink wat oplevert. Het slechte nieuws: we moeten onze vakantie even uitstellen.' En dan probeerde ik het nog leuk te brengen. Dat viel niet mee, want het betrof hier een vast patroon: zodra wij er, na maandenlang hard pezen, even een weekje tussenuit wilden: tring tring, grote klus. Kon je de klok op gelijk zetten. Gék werden we d'r van. Elke keer hotel cancelen, vliegreis annuleren, centen terug proberen te krijgen. Allemaal gedoe. Ik componeer muziek voor reclamefilms. En dat slokt je op. You're in or you're out. En wij waren in. Elke dag opnieuw big business. In mijn privéstudio in het slaperige boerendorpje Maartensdijk werkten we voor grote klanten: Heineken, Philips, Coca Cola, Nike, Nescafé.

Ik componeerde de tunes en mijn vrouw Turf deed de administratie, ontving de klanten en, het belangrijkste, tijdens de presentatie van mijn muziek aan de klant, kwam zij precies op het goede moment binnenwervelen met glazen koude witte wijn en lekkere nootjes om vrolijk lachend te roepen dat ze de muziek helemaal tóp vond.

Onverslaanbaar, zeer succesvol en elke dag een huis vol muzikanten, beroemde zangers en acteurs, reclamemensen en marketingmanagers. En het werd altijd laat. Commercials uitzenden kost honderden euro's per seconde dus commercials maken is mierenneuken tot ver achter de komma.

Als na een lange dag mixen, de muziek en de geluidseffecten eindelijk in een heftig bediscussieerde balans stonden en ik, tegen twaalf uur 's nachts, de definitieve mix zou gaan masteren, werd op het allerlaatste moment de artdirector weer onzeker:

'Tja... kweenie... de muziek is nou wel aaardig... maar dat piepje van die klikobak vind ik een beetje... eh... tja, hoe zal ik het zeggen... een beetje... eh... pieperig!! Heb je daar nog een ander piepje voor? Laten de de mix nog één keer helemaal van de top doen...'

Als ver na middernacht, het grind knerpte onder de banden van de laatst vertrekkende Jaguar of BMW, iedereen gelaafd en gevoed, alle klanten tevreden huiswaarts, vielen Turf en ik elkaar uitgeput in de armen. Gesloopt. En nooit konden we 'ns effe d'r uit!

Toen gebeurde het: we kregen een lumineus idee. Een huisje in ons liefdeslandje Frankrijk. Op een dusdanige afstand dat we bij elk opdoemend gat in de agenda in de car kunnen jumpen en nog dezelfde avond aan de pastis kunnen zitten. Dát gaan we doen! Hop! Passer in de kaart, cirkeltje trekken van zes uur rijden, nou da's gauw klaar, dat wordt dus de Bourgogne.

Nog geen jaar later hadden we 't voor elkaar: we waren de trotse eigenaars van een lieflijk boerenwoninkje in het piepkleine dorpje Vault de Lugny nabij Avallon. Het was een oud 'maison de campagne', in redelijke staat. Sober en zonder veel romantische verfraaiingen, maar gelegen aan een brede, lieflijk kabbelende beek en nog niet verknald. Vooral dat laatste is niet eenvoudig te vinden, want Fransen zijn dol op wat zij noemen 'bricolage'.

In Nederland is dat een onbekend fenomeen, maar 'bricoler' wil zeggen: op een relaxte manier aan je huis klooien. Je spreekt het een beetje schouderophalend uit, want bricoleren, dat doe je zelf, tussen de vele dagelijkse maaltijden door, dus er gaat nogal 'ns wat mis.

Maar dat is niet erg, dat mag. Slaat de gemiddelde Fransman evenwel serieus aan het bricoleren, nou, berg je dan maar. De meest romantische middeleeuwse schaapsboerderij wordt zonder problemen tot een praktische drive-in-woning getransformeerd en vervolgens gevuld met rood pluchen Louis de Dikke-meubilair en nepkroonluchters. Eeuwenoude brede vloerdelen worden moeiteloos vervangen door handig te reinigen laminaatparket. 'Pratique' noemen ze dat, lekker makkelijk.

Op onze zoektocht naar een Frans buitenhuisje gebeurde het niet zelden dat, wanneer we met van verwachting kloppend hart een schilderachtige zeventiende-eeuwse watermolen betraden, deze inwendig geheel en al naar de kloten bleek geholpen en voorzien van een Frans Bauer-interieur.

Maar het Franse huisje dat wij hadden gevonden was nog ongeschonden. Zielsgelukkig waren we toen we bij de notaris onze handtekening mochten zetten. We kregen een ijzeren ring met een wirwar aan antieke sleutels en verrukt reden we naar ons 'maison d'amour.'

Maar wat een zeperd! De laatste keer dat we het huisje bezichtigden was het helemaal ingericht, maar dat volledige interieur was nu spoorloos verdwenen. Er stond niets meer. De eigenaars hadden ons kersverse bezit helemaal leeggehaald en vervolgens ook nog eens zorgvuldig gestript!

We herkenden het ternauwernood. De typisch Franse deurknoppen die we nog zo leuk vonden, waren met zorg van de klinken geschroefd en zelfs de peertjes waren uit de lampen gedraaid! Het behang zat te vast, anders hadden ze dat er waarschijnlijk ook nog afgeweekt. Daar kwam bij: het was winter en vinnig koud. De waterleiding was bevroren, en er was nergens water. Rillend van de kou liepen we door onze kaalgestripte liefdeswoning. Onze stemmen galmden naargeestig in de geheel ledige vertrekken. Maar we hielden de moed erin.

Turf verzamelde droog hout uit de tuin, stookte het hemelsblauwe gietijzeren houtfornuisje in het uitgewoonde keukentje flink op en startte de voorbereidingen voor een kruidige stoofpot. Ik begon onze uit Maartensdijk meegenomen meubeltjes uit de auto te laden en ze over de vele ledige kamers te verspreiden.

Ik maakte een groot vuur in de open haard, fabriekte een tafel van een ouwe deur en twee schragen, plastic kleedje d'r overheen, een vaas erop met wat van een struik gebroken lauriertakken, en waarempel: de kale, kouwe 'salon' begon zienderogen op te knappen.

De opwinding van de aankoop was op m'n maag geslagen en ik was al enige dagen niet naar het toilet geweest. Of het nu kwam doordat die dag eindelijk de koopakte was bezegeld, maar ik kreeg opeens heftige aandrang. Verheugd stond ik al in het blauw gekalkte pleetje toen ik me realiseerde dat er geen doorspoelwater zou zijn. Oei! Hoge nood! Op zoek naar privacy rende ik de tuin in.

Om de hoek zag ik tussen de vuilniszakken een gedeukte oude waspoederton. Met gekleurd plakplastic was hij, wellicht ooit aangespoord door de crea-tip-van-de-week uit 'Madame Figaro', omgetoverd tot een ludieke prullenbak. Gehaast rukte ik de ton tussen de zakken vandaan en trok me terug achter de struiken, broek naar beneden en daar verdween de oogst van drie dagen Bourgondisch tafelen dampend in de waspoederton. Tevreden duwde ik de aanmerkelijk in gewicht toegenomen ton terug tussen de vuilniszakken. Even later zaten we met dikke truien aan in de ijskoude salon aan de gedekte deur. We schoven zo dicht mogelijk bij de haard, Turf schepte de gebloemde bordjes vol, ik brak het stokbrood en we hieven het glas: 'À la Bourgogne!'

Klop, klop, klop. Daar hing het zure gelaat van de voormalige eigenaresse, madame Rillette, voor het raam. Ze had een breed, plat gezicht als een mopshond die in volle vaart tegen een brandkast is aangelopen en de lichte onderbeet, die door orthodontisten wel een 'gepebek' wordt genoemd. 'Ah monsieur Gort, mag ik nog éven kijken of er nog spulletjes van ons liggen?'

Het was de eerste keer die dag dat we de tijd hadden om te zitten. Héél even zaten we samen gelukkig te wezen in ons nieuwe huisje. 'Als het ongelegen komt maak ik wel even gebruik van de zijdeur,' zei ze, 'dan kan ik nog even alle kamers door lopen of ik ergens nog een kleinigheidje vergeten ben...'

De gore lef! Ze had alles al gerausjt en overal stonden al bezittingen van ons. We besloten geen acht op haar te slaan en hervatten onze welkomstmaaltijd.

Keer op keer zagen we madame Rillette driftig voorbij het raam benen met een bont allerlei aan voorwerpen die zij toch nog aan de ledige woning had weten te onttrekken. Dan kwam ze langs met een vermolmd krukje met een gebroken poot. Dan weer met een plastic emmer zonder bodem. Eén keer nog met een pot met een dode plant, en toen was het klaar.

Hè, hè, eindelijk rust, kunnen we nu ècht gaan eten? Net toen we in de herkansing onze glazen wilden heffen voor een toast op ons nieuwe huisje, passeerde madame Rillette nog één keer. Boven haar hoofd droeg zij de zojuist door mij gevulde, nog lichtjes nadampende waspoederton en plaatste die vervolgens, als betrof het een kostbare antiquité, omzichtig op de achterbank van haar Renault. Ze gaf ons een kort knikje en reed tevreden heen.

Baby

Door het ontbreken van enige vorm van centrale verwarming was het zó koud in ons liefdeshuisje dat er bij het ontwaken daadwerkelijk ijspegels aan m'n snor hingen. Overdag waren we voornamelijk bezig met houthakken, waarbij onze adem als wolkjes uit onze monden kwam, en vuren aanleggen in het houtfornuisje in de cuisine en in de open haard in de salon.

's Avonds kropen we, onze spieren stijf van de kou, met dikke truien aan, zo dicht mogelijk bij het vuur, liefst met een door onze buurvrouw Claudette illegaal gestookte 'ouwe pruim'; een eau de vie met een alcoholpercentage waar je een lijk mee tot leven kunt wekken. Dientengevolge werd het zelden erg laat; om een uur of tien lagen we meestal onder de wol.

Op een midddag kwam Turf thuis met een mand vol felblauwe, rubberen warmwaterkruiken. Een in de Nederlandse drogisterijen reeds rond 1930 uit het assortiment verwijderd product, maar hier bij de plaatselijke 'quincaillerie' nog volop in de aanbieding. Deze 'bouillottes' bleken een onverwacht effect op onze levensloop te hebben.

Aan het einde van de dag vulden we drie ijzeren emmers met rivierwater, die we verhitten op het gloeiend heet gestookte houtfornuis. Daarmee prepareerden we twaalf heerlijk warme kruiken, waar we vervolgens, met meetkundige precisie onze matras mee belegden.

Als u het niet verder vertelt, wil ik u wel zeggen dat wij al ruim een jaar bezig waren om een baby te maken. En dat lukte voor geen meter. Sterker nog: er gebeurde iets wat ik nooit voor mogelijk had gehouden: ik begon neuken vervelend te vinden!

Op het laatst verliep de liefdesdaad via een streng gereglementeerd neukrooster. Zo kon het gebeuren dat ik 's ochtends na het opstaan, en al half aangekleed, door Turf, nog in bed, letterlijk, op het matje geroepen werd: Hier komen! Baby maken! Waarna ik mij zuchtend weer ontkleedde en met afhangende schouders mijn vreugdeloze plicht vervulde. Niet dat het hielp, dat rooster, want er kwam geen sóórt van baby.

Maar die nacht, de nacht van de blauwe kruiken, dat was héél anders! Buiten was het ijzig koud, maar wij kropen dicht tegen elkaar aan in de veilige knusheid van ons heerlijk warme bed. We waren gelukkig, we kusten elkaar intens en we neukten de sterren van de Franse hemel.

En negen maanden later werd er in Nederland een grote glanzende baby geboren. Klaas. Nooit van mijn leven heb ik méér van iemand gehouden dan van hem.

Inmiddels is hij veertien en een kop groter dan ik. Soms, als ie last heeft van plotseling opkomende warme gevoelens voor mij, tilt hij me in m'n volle lengte op en smijt me, als teken van genegenheid, met een boog in de zachte kussens van de bank. Zo sterk is ie. Maar hij is dol op warmte. Hij houdt ervan om dicht bij een vuur te zitten, of met zijn rug tegen de verwarming.

En nog steeds krijgt hij 's winters, als het heel koud is, een lekkere warme kruik mee in bed. Als het even kan een blauwe.

Ons huisje was eenvoudig maar lieflijk. Het had een lange achtertuin die glooiend afliep naar de brede, snelstromende beek, de Cousin. In het kristalheldere water kon je de kleine vissen zien die over de bodem heen en weer schoten. In de lente groeiden er waterplanten met bloeiende witte bloempjes in, die als lange witgroene bruidssluiers in de stroom dreven. Toen het winter werd bleek de Cousin niet alleen achter onze tuin, maar ook dóór onze tuin te stromen zodat het tuinschuurtje slechts met lieslaarzen bereikbaar was.

Daar stond tegenover dat we de leukste overburen ter wereld hadden: échte Fransen! Jacques en Claudette waren vrolijke dertigers. Jacques was een lange, bedachtzame jongeman die de dingen met milde ironie observeerde. Claudette was een Pietje

Precies, maar als ze een wijntje op had, werd haar grote benige neus zo rood als een heetgestreken strijkijzer en kon ze in een onbedaarlijke lachbui schieten. En dat gebeurde vaak, want ze vonden ons helemaal leuk. Jacques hielp mij de sombere coniferen voor het raam van ons huisje eruit sleuren met z'n ouwe trekker; ik hielp Jacques met haardhout kloven. Binnen de korste keren waren we echte vrienden. Claudette inviteerde ons regelmatig voor veelgangige, volgens haar typisch Bourgondische streekdiners.

Thuis in Nederland zijn Turf en ik altijd aan de salade. Af en toe 'ns een gegrild visje. Maar gekker wordt het zelden. Op de pondjes letten. Maar zo'n Bourgondisch diner in de oude boerenkeuken van Jacques en Claudette, dat is andere koek! Dat begint met een 'apéro', meestal een Pastis.

Met nootjes en chips. Op een snijplank worden met een versleten Opinelmes dikke plakken grof gestopte saucisson afgesneden. We kletsen wat; Jacques vertelt dat ie een hekel heeft aan werken. Hij vindt 't veel leuker om met z'n hobby bezig te zijn ('Bricoler un peu...').

Om die reden gaat hij volgende maand naar Parijs. Hij gaat een cursus van zes maanden volgen. Na z'n examen zal hij dan 'fonctionaire' zijn. 'En dan ben ik ambtenaar, en dan...' verzucht hij met een verzaligde glimlach, 'hoef ik nóóóit meer te werken...!' Hij kan nauwelijks wachten. 'Encore un pastis, Ilja?' Hij houdt de fles Ricard afwachtend boven mijn glas. Ik weet welke alcoholische veldslag er nog geleverd moet worden en weet met een haastig 'Non, merci, Jacques' nog net op tijd een tweede 'beenhakker' te voorkomen.

Dan begint het echte werk: als voorgerecht een heerlijke, vette 'Pâté de foie gras', bereid met een flinke scheut cognac, in een goudknapperige croute. Jacques trekt hierbij een fles mooi uitgerijpte Meursault open.

We hebben nog maar net smakkend onze lippen afgeveegd van de laatste kruimels paté of Claudette haalt een zelfgebakken quiche met veel eieren en spek van eigen varken uit de oven. Jacques opent een tweede fles Meursault.

Daarna volgt de 'plat de resistence': 'Boeuf Bourguignonne'. Een dikke stoofpot van brokken rundvlees, wortels, uien en selderij, gestoofd in zware rodewijnsaus vergezeld door met knoflook ingesmeerde stukken gebakken brood. Dat schreeuwt om een fles róde Bourgogne. Een Alox-Corton dit keer.

Turf en ik doen ons te goed aan de voedzame stoofpot, we complimenteren Claudette uitvoerig, maar weten een second helping tactvol te omzeilen. Dan serveert Claudette een ruim voorziene salade, glanzend van de olijfolie met uien, tomaten, olijven, hardgekookte eieren, stukken zelfgerookte ham en gekonfijte kippenmaagjes. Ons absorptievermogen heeft inmiddels de kritische grens reeds lang overschreden. Puffend hangen we achterover in onze stoelen.

Met een lichte vorm van paniek beginnen we even later aan de kaas, natuurlijk met een nieuwe fles rode Bourgogne. Op de grote, rieten mand liggen, op uit de tuin geplukte druivenbladeren, minimaal acht soorten Franse kaas, waaronder de killer onder de kazen, de Epoisse; een lokale koeienkaas, met het soortelijk gewicht van astronautenschoenen, die een geur verspreidt waar de vogels dood van uit de lucht vallen. Zodra een Epoisse geserveerd is, zal hij geheel zelfstandig zachtjes het bord trachten te verlaten. Maar het verraderlijke van deze meurkampioen is dat hij, na consumptie, in de maag zijn oorspronkelijke vorm herneemt. Hetgeen je meestentijds op een totaal doorwaakte nacht komt te staan waartegen zelfs handenvol Rennies niet meer baten.

Na de 'plateau des fromages' dan godzijgeloofd de laatste gang: het dessert. Eigengebakken walnotentaart, overgoten met roze fondant. Gelukkig wordt de bijbehorende dikke room separaat geserveerd. De taart wordt natuurlijk begeleid door: Champagne...!

Als we met veel moeite ook deze caloriebom naar binnen hebben weten te proppen, dartelt Claudette alweer rank als een hinde door de keuken: 'Nog een stukje taart?'

Uitgeput, met bolle ogen en op knappen staande pantalon, proberen we ons amechtig hijgend uit onze stoelen te bevrijden. 'We moeten ècht gaan...' weet ik nog net uit te brengen. Claudette heeft nergens last van en lacht verbaasd: 'Déjà??? Ahh, Ilja, nog een klein stukje... Pour la route...!' We wonen aan de overkant van het weggetje, maar ik vraag me serieus af of ik zelfs die dertig stappen nog zal halen.

'Allez, mon brave,' bromt Jacques. Hij schenkt mijn champagneglas weer tot de rand vol en Claudette schuift nog een stuk walnotentaart met een flinke berg slagroom op onze borden. En bróódmager die twee. Lang en pezig zijn ze, en geen grammetje vet. Al jaren. En wat kunnen ze eten! Ik voel een steek van jalouzie...

Liefde

Ach, wat hielden we van ons huisje. Elke keer als we terug naar Maartensdijk reden, moesten we een beetje huilen. Als we op weg naar de route nationale het dorpsweggetje uitreden, passeerden we boeren die bossen hooi op een kar aan het stapelen waren, de kabbelende beek, de lammetjes in de wei, de potten met bloeiende geraniums op de trap langs het huisje van Dominique. Bij elk 'Au revoir' moesten we een stiekem traantje wegpinken.

'Ooit,' zeiden we tegen elkaar, 'ooit zullen we hier blijven wonen.'

Zodra we in Maartensdijk in de gierende drukte een gaatje in de overvolle agenda zagen opdoemen, hup: woning op slot, telefoon op de doorschakel, baby Klaas in de car, koffers d'r achteraan en wegwezen! Met honderdtachtig bliezen we naar ons 'Kleine Frankrijkie', zoals Klaas het nog altijd noemt. Zodra we in ons Franse huisje aankwamen wist ik niet hoe gauw ik me moest omkleden: m'n ouwe 'pantalon bleu', verschoten T-shirtje, alpinopetje en hop: ik was Frans. De muziek, de stress, de klanten en de opdrachten; alles bestond niet meer: ik was Frans.

Dus kon ik meteen aan de pastis. Uitgeput van de wilde rit zaten we dan meestal 's avonds om tien uur al voor de open haard te knikkebollen. Maar dat donderde niet, want je kwam in een totaal ander ritme: slenteren naar het bakkertje dat niet kan tellen, broodje kopen, krantje lezen, beetje kletsen over het weer. Na een dag was ik totaal verfranst en helemaal ontspannen.

Hoewel we er maar een paar dagen per maand waren, werden we al vrij snel geaccepteerd in het tachtig zielen tellende dorpje. 'Bonjour Ilja!' 'Bonjour mon amour!' Ik werd ere-lid van het 'commité des fêtes', we raakten op tu-niveau met de burgemeester en we wonnen zelfs de jaarlijkse Solex-race.

Maar hoe Frans ik ook wilde zijn, ik bleef een Nederlandse

reclamecomponist. Lagen we onder de stralende zon, verzaligd in ons blauwe zwembad te dobberen, mijmerend over hooguit wat we die avond op de barbecue zouden vleien, beetje poedelen met onze mollige baby Klaas. 'Tring, tring!' De studiotelefoon stond doorgeschakeld naar het vooroorlogse bakelieten toestel op de Franse boerentafel. Dus onze klanten verkeerden in de veronderstelling dat ze mij in m'n studio belden.

'Tring, tring!' Stressss!!! Ik zet Klaas met z'n kontje op de kant, spring als een zalm in de paartijd uit het water en race door de openslaande deuren de woonkamer binnen. Glijdend over de tegels ben ik nog net op tijd. Poedelnaakt, nog nadruipend druk ik de bakelieten telefoonhoorn tegen m'n natte oor.

'Ja, eh... Ilja, dat piepje als die klikobak opengaat vinden we niet pieperig genoeg. Dat mag wel ietsjes pieperiger. Kun je dat vanmiddag even overmixen? En check dan meteen even die voice over. Hij zegt nu "verstevigt je haar", maar volgens mij hebben we ook nog een take die zegt "verstevigt je háár", dus meer accent op haar! Kan ik om drie uur een koeriertje sturen?'

Hoe vanzelfsprekend ik een dergelijk telefoontje twee dagen geleden nog gevonden zou hebben, nu klonk het mij als totale waanzin in de oren. 'Haar? Verstevigt?' Waar gáát dit in 's hemelsnaam over?! Stemmen van gene zijde!!

Maar dit leed is snel vergeten als ik met het stevige knuistje van de kleine Klaas in mijn hand, met Turf over de Franse markt in het zachte zonlicht onder de platanen slenter. Kleurige groentekramen, verse oesters, lekkere kaasjes, overal bloemen. We kopen ruimhartig in en laten ook nog twee meter typisch Frans plastic tafelkleed met druiventrossen en jachttaferelen afknippen.

's Avonds zitten we buiten op het terras na te genieten van een onvergetelijke maaltijd van vers op de markt gekochte spullen. Boven in z'n kamertje ligt Klaas te slapen als een blozende roos.

De schemering is gevallen, we kijken uit over het weidse, groen beboste heuvellandschap. Er zit nog een staartje Gevrey-Chambertin met de smaak van bosaardbeitjes in de fles. Het enige geluid is het kabbelen van de beek.

De donkerblauw fluwelen hemel is bespikkeld met honderden flonkerende sterren. En dan komt het...: 'Le concert'. De kikkers.

Eerst begint er eentje te kwaken. Hij krijgt antwoord. Er valt een derde in. En een vierde. Dan barst over de volle lengte van de rivier het kikkerconcert los. Dat orkest van duizenden kikkers maakt een geluid, zo puur, zo overweldigend, dat de tranen in je ogen springen. Een miljoen jaar geleden klonk dat precies zo. En het is er nog steeds.

Zo zie je maar: Niets verandert. Alles blijft.

Mis

Hoe kun je de dag beter beginnen dan op je terras aan de rand van je zwembad. Uurtje of negen, de zon schijnt al volop, paar baantjes getrokken en nu lekker in de schaduw van de lommerrijke hazelnotenboom met een heerlijke cappuccino, een knapperige croissant en een verse krant. Vooral een Franse krant. Daar staat namelijk niets in. Want voor de Fransen bestaat de wereld uit Frankrijk. Dan komt er een hele tijd niets. En dan komt Parijs.

Dan komt er een nog veel langere tijd niets en dan schijnt er nog vaag zoiets te wezen als Angleterre, Allemagne, of Amérique. Maar dan hebben we 't toch echt helemaal gehad.

Dat heeft het prettige gevolg dat er in een Franse krant één halve pagina is ingeruimd voor het internationale nieuws. De overige dertig pagina's zijn geheel gewijd aan 'Wie heeft de grootste champignon gekweekt', 'Gendarme Jean Claude is na veertig jaar trouwe dienst met pensioen gegaan', 'Boer valt in put' en 'Bejaardenkoor *Les Hirondelles* geeft haar jaarlijkse kerstuitvoering.'

De ideale krant wat mij betreft. Je kunt er heerlijk boven wegdromen en de geest 'ns even de vrije loop laten.

'Pats!!' Een felrode plastic voetbal slaat met een harde klap midden in m'n wijd uitgespreide krant. Ik schrik me een hartverzakking! Koffie pleurt om. Ik spring uit m'n stoel. Wat is dit!!??

We hadden ons huisje nu een jaar of drie en al die tijd had er naast ons, achter de hoge stenen muur, een oud schooltje leeggestaan. Om onze privacy te verzekeren waren we wel 'ns bezig geweest om het te kopen, maar dat kwam er niet zo van en we vonden het eigenlijk toch 'n beetje ver gaan om een heel schooltje te kopen alleen voor de heb, dus het plan verzandde. En nu bleek het opeens verkocht! We haden BUREN!!

Ik schiet in m'n kleren en loop vervuld van angstige voorgevoelens het weggetje op. Daar staat voor z'n hek, de nieuwe buurman. Een superordinaire patjepeeër. Veertiger, korte broek, dikke pens, T-shirt met zo'n sekstext, filtersigaretje in z'n mik. Gouwe polskettinkje met z'n eigen naam d'r op. De hele dag stond die man daar, zo'n beetje tegen z'n hek aangeleund, te roken in een kring van uitgetrapte peukjes. Uit de tuin achter hem klonk het oorverdovende gegil van minstens twaalf kinderen. Ik was ontzet. Verslagen sjokte ik naar binnen.

Mijn Frankrijk. Mijn Kleine Frankrijkie...

Die avond staan Turf en ik met de armen om elkaar geslagen te luisteren naar het kikkerconcert. Dat blijkt onmogelijk. De kikkers worden volledig overstemd door het gegil en het gekrijs van achter de muur. Ik voel een dikke bal van verdriet in m'n maag omhoogkomen.

En toen ging opeens alles mis. Jacques kwam ons waarschuwen: het vrolijke gezin van Hervé, waar we Klaas wel 'ns brachten als we een avondje uit wilden, bleek een volledig verknipte seksfamilie te zijn, waar incest eerder regel dan uitzondering was. Hmmm, misschien beter om onze liefdesbaby daar maar even niet meer te parkeren.

Aan de overkant van de rivier lag een grazig weilandje vol bloeiende veldbloemen. Zo maar te liggen. Daarachter de witte koeien als bewegende stipjes op de groen beboste heuvels, waar wij zo graag over uitkeken. Op een dag stond er opeens een witte caravan in dat weilandje. Onze tuinman Louis, eigenaar van dat perceeltje, had de geest gekregen en was er een 'Camping à la Ferme' begonnen. Ik schrok me te pletter! Zo'n afzichtelijke sleurhut! Recht in ons uitzicht!

Alles in mij schreeuwde om verzet. Ik brak m'n hoofd hoe ik hier een einde aan zou kunnen maken: 's nachts, onder dekking der duisternis, zou ik met een goed gevulde molotovcocktail door de rivier kunnen waden, naderbij sluipen, aansteker, een welgemikte worp... páts! En wegwezen! Maar ja, wat als daar een gezin de slaap der onschuldigen ligt te slapen... Ik zou ook kunnen opteren voor de Siciliaanse methode: mijn dubbelloops jachtgeweer doorladen met wildezwijnenkogels en in één woest salvo die hele sleurhut aan flarden knallen. Hmmm, carrièrematig misschien toch ook weer niet zo'n sterke zet.

In ieder geval was ik te laat: de volgende dag stonden er drie caravans en een week later zes.

Dikwijls zat ik met Klaas op onze vaste steen in de rivier. Ik hing hem half in het heldere water, hield 'm stevig onder z'n armpjes vast en genoot van de aanblik hoe het rivierwater om z'n mollige Michelinbeentjes spoelde. Hij kraaide van plezier en probeerde met z'n handjes de witte schuimkopjes van de golfjes te pakken. Ook bouwden we wel samen een dam.

Dat was nu voorgoed voorbij. De wilden hadden mijn vallei overweldigd. Onze steen in de rivier was bezet door schreeuwende kinderen, onze dammen werden afgebroken. Ons zelf aangelegde strandje werd in beslag genomen door zwijgende mannen met klapstoelen, koelboxen en hengels.

Zo zie je maar: Alles verandert. Niets blijft. Tijd om te gaan.

Zoektocht

We verkochten ons liefdeshuisje. Ik was verdrietig maar vastbesloten: Nooit meer buren. Dat wilde ik. Vrijheid. Voor kilometers in de omtrek. Daardoor kwam ik op het onzalige idee van een wijnkasteel. Immers, een wijnkasteel is altijd omgeven door z'n wijngaarden? En voorkomt zodoende de hinderlijke aanwezigheid van Buren. Bovendien: wijn is een wonder. Ga maar na wat je voelt bij een slok goede wijn; die warmte, die lekkerte, die geur, die smaak...

In een goed restaurant bij een intiem diner met een geliefde. En dan komt de wijn: daar plopt de kurk er uit. Je ruikt, je neust, je proeft... en Yesss! Een diepe vrede maakt zich van je meester. Nog een hele fles en een heerlijke avond te gaan. Die prachtige kleur, die lange, mysterieuze smaak. Rijpe druiven, zeven jaar geleden geplukt, geperst en in een fles gestopt op een kasteel ver hier vandaan. En nóg ruik je het fruit en nóg proef je de zorg en de liefde waarmee de makers hun product hebben omgeven. Je schenkt nog 'ns bij en samen geniet je van de wijn. Alle drukte is vergeten. Woorden wellen als parels van je lippen. Je geliefde heeft blosjes op de wangen en vrolijk schitterende ogen.

Wat een verrukkelijke avond.

Wij hadden dan ook een uitgebreide wijnkelder; gevuld met honderden van de mooiste flessen. Uitsluitend Frans en voornamelijk Bordeaux en Bourgogne. Mijn boekenkast boog door onder het volledige oeuvre van Hubrecht Duijker en andere wijnschrijvers. Want ik ben een oprechte zoon van Dionysus. Ik vind bijna niets leuker dan aan een lange tafel met mensen die me dierbaar zijn, lekker te eten en mooie wijnen te drinken.

Een vriend verzuchtte na zo'n lange lunch eens tegen mij: 'Wat jammer eigenlijk, dat je niet de hele dag kunt eten.' En ik ben het helemaal met 'm eens.

Ik wist dus veel van wijn, maar dat betrof voornamelijk praktijkervaring. In de productie ervan had ik me nooit erg verdiept.

Mijn perceptie van een wijnkasteel was, dat de wijnboer onder een boom lag te slapen, terwijl er in de wijngaarden op kalme wijze flessen wijn aan de struiken groeiden. Daarna werd het beeld even wazig, want dan volgde een door mij niet geheel ingevuld proces waarbij de wijnflessen al dan niet zelfstandig van de struiken raakten en uiteindelijk werden omgezet in een solide hoeveelheid klinkende munt. Geen idee hoe dat allemaal werkte, maar één ding was zeker: zo'n wijnchâteau betaalt zichzelf!

Hoe nu verder. We kochten een exemplaar van het tijdschrift *Propriété's*. Een ongeveer een kilo wegende glossy, waarin wijnkastelen ter verkoop worden aangeboden. We begonnen de daarin adverterende makelaars brieven te zenden waarin we uiteen probeerden te zetten wat we zochten. Teneinde een zo compleet mogelijk beeld te schetsen, knipten we plaatjes uit tijdschriften van alles wat we mooi vonden.

Alleen, dat was nogal veel. Dus kregen die makelaars een fraai collage van Italiaanse palazzo's, terracotta gepleisterde muren, Oudromeins mozaïek, bloeiende lavendelvelden, glooiende wijngaarden en zonovergoten roomtaartkastelen.

Ze moeten er geen reet van begrepen hebben. Temeer daar het begeleidend schrijven waarin ik in mijn beste steenkolenfrans onze bedoelingen uiteen probeerde te zetten, er vertaald ongeveer zó moet hebben uitgelezen:

'Verkrachte meneer, wij zijn Hollanders die een wijnkotseel in Frankrijk zoeken. Of een beerderij in de wijn. Graag zonder levende buren en met wijn die uitverkocht is. Bijgaand enige zweerschetsen voor uw beeld, om uw zoektocht niet te bespoedigen.'

Niettemin kregen we op dit krankjorum epistel toch hier en daar antwoord en in januari '90 reisde ik af naar de Périgord voor een rendez-vous met een makelaar. 'C'est un must absolu!' was de begroeting van de makelaar toen ie me afhaalde van de 'aeroport'. Alleen het château waarvan hij me de folder had opgestuurd en waarvoor ik was gekomen, dat was nou jammer, dat was al verkocht. Maar geen nood! Wat hij nu had was eigenlijk veel beter!

Het is warm. Kilometers lang rijden we langs golvende wijngaarden in de trillende hitte. Dan draait hij zijn kokendhete Peugeot 506 de binnenplaats op van een prachtig, maar sterk vervallen 'domaine'. Een wit geschilderde boerenhoeve in klassieke U-vorm. Uit een barst in de muur groeit klimop, in lege olieblikken staan fleurige geraniums. We steken de zondoorstoofde binnenplaats over en betreden de ingesleten stenen trap naar de voordeur. Niets verstoort de stilte dan de loom tjirpende krekels. De makelaar trekt aan de verroeste ijzeren bel.

Na enig gestommel gaat de deur op een kier en verschijnt een bruine, door zon en werk gelooide kop met een stoppelbaard en een borstelige zwarte snor. Zijn wantrouwige linkeroog kijkt mij scherp aan, z'n andere oog blikt ergens boven mij naar het bladderende plafond. Het is Jean-Luc, de 'propriétaire'. Hij draagt een pantalon bleu en een bestofte alpinopet. Hij geeft ons een slappe hand en we mogen binnenkomen.

In de grote halfduistere woonkeuken zit in een schommelstoel naast het fornuis Jean-Luc's moeder. Een geheel verschrompeld zolderappeltje van minimaal negentig, in een blauw gebloemde boezelaar. Ze is enigszins doof en compenseert dat door haar mening met een hoog schel stemmetje extra luid kenbaar te maken. Ik ben nog niet gezeten of het kwieke oudje herkent in mij een vers slachtoffer en begint met onverwachte energie tegen me te kwekken. Ik versta er in het geheel niets van, maar ze houdt nooit meer op. In hoog tempo blijft het grijze wijfje op schelle toon tegen me aan tetteren.

De makelaar en Jean-Luc voeren inmiddels onderling een geanimeerd gesprek in een soort Périgordkoeterwaals waar ik evenmin een touw aan vast kan knopen. De tijd verglijdt en door het raam zie ik een kraai met een stuk stokbrood in zijn snavel voorbij vliegen. Eindelijk staan we op, om het domaine te gaan bezichtigen. In de smalle gang manoeuvreren de twee mannen zichzelf snel voorop zodat ik gedwongen word achteraan te lopen met het almaar doorleuterende vrouwtje. Ze hebben dit zo te zien vaker gedaan, de schurken.

Nadat Jean-Luc ons een schier oneindig aantal vrijwel identieke vertrekken heeft getoond, neemt hij ons mee naar de zolder. Hij duwt een verveloze houten deur open en gunt ons een blik op het interieur. Door een kier in het dak valt een smalle straal zonlicht op een spinnenweb.

'Mon trésor...' fluistert Jean-Luc met een trilling van respect in zijn stem. Hij knipt een peertje aan en daar liggen, in lange rijen, de vaten. Honderden fusten liggen te rusten. En al een tijdje, want wat blijkt: Jean-Luc heeft een Armagnac-boerderij!! Armagnac? Daar drink je eens in de tien jaar een half glaasje van! Dat raak je aan de straatstenen nog niet kwijt!

'Mon trésor…' Ik hoor het 'm nog zeggen, de lieverd. In geuren en kleuren betoogde hij dat de wereld meer Armagnac zou moeten drinken. Zoals zijn voorvaderen dat deden. En hij zelf ook. Tot volle tevredenheid, want hij drinkt elke dag een fles. Wilde ik even proeven?

Het liefst ging ik meteen weg. Naar huis. Want ik wil dit allemaal niet. Maar goed, ik ben een lieve man, dus vooruit maar weer. Jean-Luc sloft voor ons uit naar de rommelige keuken. In zijn handen draagt hij, als een kostbaar ei, een bestofte vijftig jaar oude fles Armagnac 'Réserve spéciale'. Aan de lange eikenhouten keukentafel ontkurkt hij met een kurkentrekker met een versleten handvat de bouteille en vult vier kloeke kelken. Ik breng het glas met de bruine vloeistof voorzichtig naar m'n neus. AlleJezus!!

Sterk spul! Dat schiet recht je hersens in! We toasten en héél voorzichtig neem ik een piepklein nipje.

Een gloeiende kogel brandt zich schroeiend door m'n slokdarm. Maar ik hou me kranig en slaag erin al hikkend en boerend, bewonderende geluiden uit te stoten. 'Ghkkk… Très bien bgrwwwk…'

'Inderdaad,' beaamt de makelaar, 'un très bon produit. Dit is een domein van supérieure kwaliteit, monsieur Gort, en zoals u kunt proeven legt Jean-Luc hoge maatstaven aan. En dan hebt u nog niet eens de 'vignobles' gezien…' Blij met deze ontsnappingsmogelijkheid zet ik ogenblikkelijk mijn nog volle glas op tafel en sta op om de wijngaard te inspecteren.

Het oude wijfje heeft haar glas al geledigd. Met een klein roze tongetje likt ze met snelle bewegingen de binnenkant schoon. Als wij opstaan van tafel blijft zij zitten. Over haar rimpelige gezichtje verspreidt zich langzaam een tandeloze smile van oor tot oor.

Wanneer we vijf minuten later de keuken weer betreden, heeft ze onze glazen alle vier leeggedronken. Ik zie nog net hoe ze het laatste restje uit mijn glas in haar mummelende mond giet.

'Awel?' snerpt ze terwijl ze haar lippen afveegt met de rug van haar hand, 'heeft de vignoble monsieur bevallen? Wil monsieur nog een klein slokje? C'est un bon produit!'

Almaar doorkwebbelend schuifelt ze naar de fles en schenkt ons en vooral zichzelf, nog 'ns stevig in.

'Oké!' neem ik me op de terugweg in de vliegmachine voor, 'dat overkomt me geen tweede keer! Ik ben hier voor Jan met de korte lul gekomen! Dat château waarvoor ik kwam, was al verkocht en die fucker van een makelaar probeert me doodleuk in een Armagnac-boerderij te tillen. Daar laat ie me dan helemaal voor naar Frankrijk vliegen. No Thanx! Dat doen we niet meer.'

Nog geen drie maanden later draaien we, na een rit van zeker twee uur door de middle of nowhere, een landweggetje vol kuilen op. Argwanend vraag ik de makelaar die me er in zijn Peugeot 507 naartoe rijdt, of we hier wel goed zijn. 'Si si!' betoogt hij, 'c'est ici, c'est une très, très jolie domaine! Vous allez voir!'

Om ons heen is het landschap inmiddels veranderd in een

totale kaalslag. Een onherbergzaam oord waarvan de saaiheid slechts hier en daar wordt onderbroken door een uitgebrand autowrak of een in de greppel geworpen wasmachine. Het landweggetje slingert tegen de heuvel op en wordt steeds onbegaanbaarder. Bij het ronden van een bocht knallen we bijna tegen een barricade op. Gierende remmen. Schrik. Verbrand rubber. De weg wordt versperd door een grote berg beddenspiralen, lege olievaten, verroeste ijskasten en stukken plaatstaal. Er steekt een scheef bord uit waarop met woeste halen een zwarte doodskop is geverfd. 'Je tire aux passants' staat er in dikke druipletters onder.

We stappen uit de auto, in de stoffige hitte. Honderd meter verder ontwaar ik een totaal vervallen boerderij. Uit de ramen groeien brandnetels. Uit een brandend olievat walmen zwart-oranje vlammen. Een koppel kraaien rukt aan iets dat op de grond ligt. Achter een omheining van oude pallets, bij elkaar gehouden met prikkeldraad, springen vier uitgehongerde dobermanpinchers woest blaffend omhoog. Gek van razernij. Ik doe onwillekeurig een stapje terug richting auto. Elk moment kan het wrakke hekwerk het begeven en worden we aan flinters gescheurd.

De makelaar zet zijn handen als een toeter aan z'n mond: 'Michel...! Michel...! C'est moi, Philippe!'

Er kraakt een oude kapotte deur open en een haveloze gestalte scharrelt naar buiten. In zijn hand een dubbelloops jachtgeweer.

Hij hinkt naar de omheining en schreeuwt boven de blaffende honden uit: 'Rot op, smerige oplichter! Nooit! Vuile rat! Nooit, krijg je dit huis!'

'Maar, Michel, dit is Monsieur Gort! Hij komt helemaal uit La Hollande om jouw domaine te bekijken!'

'Als monsieur Gort één stap dichterbij durft te doen schiet ik z'n ballen van z'n reet. Kan hij die mee terug nemen naar La Hollande. In een zakje!'

Dat château was dus ook niet helemaal de invulling van onze idyllische dromen.

Bij een andere 'must absolu' hervond ik mijzelf in een half verduisterde woonkeuken met vijf wenende vrouwen. De propriétaire was recentelijk heengegaan en zijn zwart gevoileerde weduwe en haar familieleden zaten met lange halen te huilen aan de keukentafel. Ik wilde me snel uit de voeten maken. Maar de makelaar kende geen erbarmen: 'Mogen we even rondkijken?' Ik geneerde me gek. Hoe háál je het in je harses! Niettemin opende de zwarte weduwe snikkend deur na deur voor ons. Wat wás ik blij toen we weer buiten stonden. Al was het 't mooiste kasteel van de wereld geweest, daar zal men nimmer prettig wonen.

De Lul

Al die roemloze reizen, al die vruchteloze bezoeken leverden overigens tóch iets op: ik wist hoe het NIET moest. Zo zagen we een château dat erg geschikt leek, maar waarvan de wijngaarden aan de overkant van de weg lagen. Fout: wijngaarden moeten óm een kasteel liggen. Een andere kanshebber had z'n wijngaarden weliswaar om het kasteel, maar lag weer aan een drukke route nationale.

Een derde château lag in een dal. Dan kijkt iedereen op je neer. Een vierde was niet in het bezit van een oprijlaan, zodat bezoekers onaangekondigd voor je snufferd stonden. Een vijfde had alles wat we wilden, maar had er weer geen muur omheen. Verder moest het 'terroir', de wijngrond, tóp zijn, want terroir, had ik inmiddels geleerd, is van levensbelang.

Als je zo precies weet wat je allemaal NIET wilt, is het probleem als je vindt wat je allemaal WEL wilt, dat je de lul bent.

En zo begon het. In juni '93 draaiden we, in de Peugeot 508 van een makelaar, het pad op naar Château de la Garde in Saint Romain La Virvée in de buurt van Saint-Émilion. 'Ça fait partie?' vroeg ik, wijzend op de wijngaarden aan weerszijden van het pad. Want dat had ik inmiddels wel in het snotje: maar al te vaak waren we door de mooiste 'vignobles' gereden, waarbij ik er natuurlijk van uitging dat die deel uitmaakten van het te bezoeken domein, en die bleken dan achteraf van de buurman te wezen.

Het stoffige rotsachtige paadje slingerde de heuvel op, de makelaar beaamde dat de wijngaarden erbij hoorden, in de verte doemden twee zonbeschenen torentjes met rode pannetjes op en ik wist het: ik ben de lul.

De hoge smeedijzeren hekken stonden open, we reden door de poort en even later stond ik, knipperend tegen het zonlicht, op de binnenplaats van het liefste château dat ik ooit had gezien.

Daar lag een dertiende-eeuws kasteeltje weg te dromen in de middaghitte. Dikke muren van ooit plaatselijk gehouwen natuursteenblokken, door zon en tijd verkleurd tot iets tussen licht oker en honinggeel. De oude luiken half gesloten tegen de zon. Op het lome tjirpen van de krekels na, was het hier tijdloos stil. Onder een van de antieke oranjerode dakpannetjes van het torentje vloog een zwaluw vandaan. Langs de verweerde stenen muur groeide een reusachtige rozemarijnstruik die een bedwelmend kruidige geur verspreidde. Met een traag roestig piepknarsje draaide de windwijzer op de kasteeltoren een klein beetje. Op de drempel van de geopende keukendeur zat een jongetje van een jaar of zes. Hij pakte telkens een handje zand van de grond en liet dat door z'n halfgesloten vuist in een dun straaltje er weer uit lopen.

Hier stond de tijd stil.

Ik liep de immense tuin vol wilde bloemen en tijm in, die honderden meters verder eindigde in een halfhoge borstwering van verweerde met mos begroeide steenblokken. Daar keek ik uit over een vallei met wijngaarden en bossen zo ver het oog reikte. De wijngaarden van het château glooiden naar beneden tot aan de oever van de Dordogne, die stil en breed als een roestbruin lint door het dal meanderde. Aan de andere kant eindigde de tuin in een privépark. Een sprookjesbos. Eeuwenoude eiken en ceders ruisten zachtjes en in het gefilterde zonlicht hipte een eekhoorn als een kastanjebruin golfje over een tak. Alleen het zingen van de vogels verbrak de serene stilte. Er hing een rust die ik nog nooit eerder had gevoeld.

En ik wist: 'Als ik dit niet bezit, kan ik niet verder leven.'

'Schat!' Hijg. Hijg. 'We hebben het!' juichte ik door de telefoon. 'Je moet meteen komen.' Hijg. Hijg. 'Ik bel je straks terug, ik moet nu met de Rabobank bellen!'

Want er was een klein probleempje: mijn droomkasteel kostte vijf miljoen francs. En die hadden we niet. De volgende dag stond ik om tien uur 's ochtends op de aeroport van Bordeaux. Turf kwam met Klaas invliegen en ik zou ze ophalen. Ik zie ze uit de terminal komen en ren op ze af. Maar ze lopen me straal voorbij.

'Ik herkende je niet,' zei Turf later. 'Je was zo opgewonden en gespannen dat ik je absoluut niet zag. Ik dacht dat je een andere man was!'

Nou kan ik me daar wel iets bij voorstellen, want ik was totaal over de rooie. Ik moest en zou dat château van vijf miljoen kopen en we hadden bij lange na niet dat soort geld.

Ik ging voor de tweede keer kijken, dit keer samen met Turf. Prompt werd ook zij verliefd. Nou, gefeliciteerd. Dubbel de lul.

Achteraf gezien zou ik zeggen: het is net zoiets als een ongeluk krijgen. Het overkomt je. En er is niets tegen te doen.

De maanden die volgden besteedden we voor het grootste gedeelte aan bellen met financiële experts, boekhouders, de Rabobank en een legertje hypotheekadviseurs. 's Nachts lag ik te piekeren hoe ik aan die vijf miljoen francs moest komen. Orgaandonatie zou slechts beperkt uitkomst brengen. Vrouwenhandel? Diamantsmokkel? Bolletjesslikken?

We bleven maar gewoon keihard doorwerken met onze reclamemuziek en op een of andere manier hebben we het uiteindelijk voor elkaar weten te boksen: in september '94 tekenden we met zwier een dikke stapel contracten waarin vermoedelijk stond dat we de rest van ons leven al ons geld aan de bank moesten geven, maar dat maakte ons niet uit. We hadden het!!!

Château

Een maand later gingen we op jacht naar de schat. Alles was geregeld, we hadden een sleutel gekregen die, als je 'm op je voet zou laten vallen, een gecompliceerde botfractuur zou veroorzaken, en nu gingen we als kersverse kasteeleigenaars ons eigen château ontdekken. Verbijsterd en verliefd dwalen we door de grote woonkeuken waarvan de linker muur bijna geheel in beslag wordt genomen door een open haard waar je rechtop in kan staan. Een hoog plafond met dikke, door de tijd tot bijna zwart verkleurde balken. De vloer is geplaveid met rode en witte vloertegeltjes van minstens tweehonderd jaar oud. Voor de haard vertelt een netwerk van barstjes hoe op dit plekje vele generaties kasteelbewoners haardhout voor het vuur hebben gekloofd. Achter de keuken ligt de achterkeuken. Op de vloer vijfkantige zachtrode plavuisjes van vér voor Napoleon. Helemaal uitgesleten van honderden jaren koken, braden, snijden en slachten. Hier is geleefd, gehaat, gevloekt, gelachen, gescholden, gehuild en bemind.

Achter de achterkeuken ligt de personeelskeuken. Langs het balkenplafond loopt nog het spoor van geleiders waar het bellenkoord doorheen liep, waaraan de kasteelheer kon trekken indien hij zijn gebraad wenste of een vers kamermeisje. Achter de grote keukenhaard leidt een klein deurtje naar de 'bûcherie', de brandhoutopslag. Er ligt een metershoge stapel houtblokken uit eigen park, genoeg om tien Siberische winters mee te overleven.

Daar achter vinden we de 'boulangerie'. Hier werden vroeger in twee grote houtovens de broden voor het hele château gebakken. Via een laag deurtje komen we in het gedeelte waar ooit de 'maitre de chai', de keldermeester, met z'n gezin woonde. Het is een aparte vleugel bestaande uit een woonkamer met een manshoge haard, een ouderwetse keuken, een kennelijk in de sixties gerenoveerde, geheel in hard paars uitgevoerde badkamer en drie slaapkamers. Sober, maar in perfecte conditie. Twee openslaande deuren komen uit in de lichtgroene lommer van het park.

Terug in de andere vleugel van ons château, gaan we de lange hoge hal in. Rechts leidt een deur naar de bibliotheek. Een hoog, licht vertrek met twee grote openslaande ramen van antiek glas die uitzicht geven over het weidse, zonbeschenen gazon met aan het einde een klaprozenveld en twee hoge palmbomen. De muren zijn kunstig betimmerd met een lambrizering van kastanjebruin zacht glanzend kersenhout. De wand tegenover de open haard wordt volledig in beslag genomen door boekenplanken tot aan het plafond. Via een houten laddertje dat over een rail verplaatst kan worden kun je de dikke rijen folianten op de hoogste planken bereiken. Hmmmm... Eindelijk! Een echte library! Hier kan gestudeerd worden in boeken die we altijd al hebben willen lezen! 's Winters bij het knapperend haardvuur, gerieflijk in de lederen chesterfield clubfauteuils, een goed glas vintageport onder handbereik.

Recht tegenover de bibliotheek bevindt zich de deur naar het 'bureau', het antieke kantoortje, compleet met zwart bakelieten telefoon. Het heeft in de napoleontische tijd als gevangenis gediend. In de zachte vloerplavuizen zijn door verveelde 'prisonniers' op sommige plaatsen spelletjes boter, kaas en eieren gegrift. Voor de raampjes zitten nog de dikke ijzeren tralies. Daardoorheen kun je de monumentale eik zien, van zeker driehonderd jaar oud. Hij heeft een stam zo dik, dat als drie volwassen mannen er omheen zouden gaan staan en elkaar een hand gaven, ze hem nog niet zouden kunnen omvamen. Aan deze zelfde takken zo dik als hele bomen zijn, volgens de dorpsbewoners, tijdens de Franse revolutie nog soldaten des konings opgeknoopt. Die hingen daar dan in hun blauw met witte uniformen te bungelen, zachtjes meedraaiend met de wind. Daar keek je als gevangene van achter deze tralies op uit. Dan ga je vanzelf wel spelletjes in de vloer krassen.

De hal eindigt in een portaal. Daar opent een leigrijs geverfde deur krakend naar de 'salon d'honneur'. M'n bek valt open: deze kamer had ik nog niet goed bekeken! We staan in een grote bonbondoos, van onder tot boven gelambrizeerd met bewerkte houten panelen in zachte pasteltinten lila, mintgroen en licht honinggeel. Kunstig uitgesneden afbeeldingen van violen en harpen, afgewisseld met druiventrossen en wijnstokken. Precies mijn twee grote passies! Dit kán geen toeval zijn, dit château is door hogerhand voorbestemd voor ons...

Volgens een oude beschrijving is de, met groot vakmanschap handmatig vervaardigde lambrizering eind achttiende eeuw aangebracht. Daarna raakte het geld op en is er nooit meer iets aan gedaan, waardoor de panelen nog steeds in de eerste verflaag staan.

We beklimmen de uitgesleten stenen wenteltrap naar de eerste etage. Bovengekomen is er links een lange hoge gang met brede donkerbruin glanzende vloerplanken, aan weerszijden hoge vertrekken met handbeschilderd behang nog van voor achttienhonderd. We betreden de 'chambre de maître'.

'Papa, wat is dit?' vraagt Klaas. In de hoek van de rood gecapitonneerde meesterslaapkamer staat de zesjarige jongen voor een zwart glanzende brandkast zo hoog als hijzelf. Oei! Een 'coffre fort'. Interessant!! Met beide handen pak ik het glimmend bronzen wiel aan de voorzijde en doe enkele ongecoördineerde ruk- en trekpogingen. Maar zonder zichtbaar resultaat.

Potdicht en muurvast. Indachtig geheim agent 007 probeer ik via een opening onder de slotplaat met een omgebogen paperclip iets van een palletje over te halen. Maar het zachte klikje uit de film blijft uit. De glanzend zwarte staalklomp lijkt op intrigerende wijze onaantastbaar. Dat is mijn eer te na. Beneden in het bureau bel ik de vorige eigenaar: 'Een sleutel? Nee, toen wij het château kochten was die er al niet meer. Die brandkast is bij ons nooit open geweest…' Spannend!! Ik bel de dorpssmid.

Een uurtje later pruttelt met hoestend gerammel een gebutst vrachtwagentje de binnenplaats op. In de open laadbak rollen allerlei ijzerwaren luidruchtig over elkaar. De smid springt eruit en hinkt met uitgestoken hand op ons af. 'Monsieur Gort, bonjour et enchanté!' René Piraud is een forse kerel met een kaalgeschoren kop en een gulle lach. Een rauwdouwer met een gouden hart en een gepassioneerd jager. Vanwege een meningsverschil met een wildzwijn hinkt hij een beetje, maar dat is al lang geleden en hij heeft er nog nauwelijks last van. Door het kunstige stukje medisch zilversmeedwerk waarmee zijn dijbeen weer aan z'n heup is bevestigd kan hij helaas niet meer door een controlepoortje op een vliegveld zonder dat ogenblikkelijk alle alarmbellen afgaan, maar ook daar heeft ie maling aan.

'Je m'en fous!' snuift hij schouderophalend. Hij is overtuigd dat het smoezelige vodje papier met de artsenverklaring, dat hij als een talisman te allen tijde bij zich draagt, hem, mocht het vuur hem ooit na aan de schenen gelegd worden, voor arrestatie zal behoeden.

Ik vertel de smid over de coffre fort en zijn ogen beginnen te glinsteren. Dit is duidelijk een kolfje naar zijn hand. 'Pas de problème, monsieur Gort.' Handenwrijvend hinkt hij naar de laadbak, rommelt wat tussen de ijzeren pijpen, slijpschijven en voorhamers, en vist er een kwaadaardig ogende, vooroorlogse snijbrander tussen vandaan. Oei! Dat was nou ook weer niet de bedoeling, ik wil die prachtige, antieke brandkast wel graag héél houden. Ik dacht meer aan iets van een handige sleutelbos met lopers of zo…

Na enig heen-en-weer gesteggel worden we het eens dat René aan de achterzijde, middels een gaatje dat nauwelijks waarneembaar zal zijn, met grote precisie een kijkoperatie zal verrichten.

In de meesterkamer weten we met z'n tweeën, grommend en kreunend de loodzware brandkast gedeeltelijk van de muur te sjorren zodat de achterzijde vrijkomt voor onderzoek. René schuift een veelgebruikte lasbril over zijn gezicht en ontsteekt de snijbrander. Er ontploft een hels gesis. Een venijnige geelblauwe vlam sist vlak langs mijn dierbare snor. 'Attaque!' brult de smid boven het lawaai uit en draait zich om naar de onneembare veste. Over zijn schouder sommeert hij mij om ter vermijding van lasogen de andere kant op te kijken. Blauwe vonken spatten over de houten vloer. Dan krijg ik een zware schroeilucht in m'n neus.

'Merde! Merde!' hoor ik boven het geweld uit.

Ik draai me toch maar even om. De smid staat dansend de vlammen uit te trappen van mijn brandende lievelingsbroek die achter de coffre fort over de verwarming hing. Ik ren naar de wasbak, vul een 'pot de chambre' met water en gooi die per ongeluk voor het overgrote deel over de stampende smid heen.

De 'Merde!'s' zijn weer niet van de lucht. Gelukkig is het vuur gedoofd. We gooien de halfverbrande pantalon uit het venster en de smid hervat zijn werkzaamheden.

Braaf draai ik hem weer mijn rug toe. Heel veel lawaai en vele 'Merde!'s' later, mag ik weer kijken. De brandkast blijkt als een sardineblikje te zijn opengesneden en bijna de gehele achterwand krult, nog nagloeiend, naar buiten. Dat was dus de onzichtbare precisieoperatie... Nou ja, het is nu toch al te laat. Zou d'r wat inzitten?

Ik pak een zaklantaarn en laat de lichtbundel door de rokende opening schijnen. Yesss!! Een grote enveloppe van maisgeel papier! Voorzichtig steek ik m'n hand in het roodgloeiende gat en grijp de goed gevuld aanvoelende enveloppe. Haastig scheur ik het stevige papier open en trek er een dikke stapel knisperende honderdduizend-franc-biljetten uit.

'Alle balle...' stamel ik naar adem happend. Al onze problemen in één klap opgelost! Dit is minstens tien miljoen!!!

Ik krijg visioenen van fonkelnieuw glanzende ontsteelmachines en energiek puffende volautomatische bottelingketens. Rijen rondborstige secretaresses aan verse schrijfbureaus die goedlachs de waterval aan binnenstromende wijnbestellingen noteren. Een nieuwe oogstmachine dan ook maar meteen. Waar is de telefoon?! Laat maar komen! Ik draai me om en geef René een kletsende klap op z'n schouder: 'Bravo, mon ami! Nous sommes riches!'

De smid schiet in een bulderende lach en klopt me bemoedigend op de rug: 'Papier de toilette!' lacht hij raspend. 'Dat zijn ouwe francs, monsieur, die zijn geen drol meer waard. Geen bank die ze nog wil inwisselen...'

'De torenkamer!' juicht Klaas aan mijn arm op en neer springend, 'We hebben de torenkamer nog niet gezien! Kom je pap?' We beklimmen de stenen wenteltrap die naar de torenkamer leidt. Halverwege kunnen we niet verder. De weg wordt versperd door een zware deur van ongeverfd hout, beslagen met handgesmede klinknagels. Hij is afgesloten met twee hangsloten en verzegeld met bloedrode zegellakstempels.

Nu schiet me het verhaal te binnen dat de vorige eigenaar me vertelde: monsieur Dubernard, de oude magistraat uit wiens erfenis hij dit château destijds heeft gekocht, had zich vlak na de oorlog in de torenkamer verhangen. Nadat het onderzoek was afgesloten hadden de constabels de toegang tot de plaats des onheils verzegeld en nadien had nooit meer iemand de torenkamer betreden.

Spannèèènd! Met een koevoet breken we de hangsloten open en knarsend schuiven we de roestige grendels opzij. Vol spanning beklimmen we de stenen trap naar boven. Via een scheef in z'n hengsels hangend, door houtworm aangetast deurtje komen we uiteindelijk helemaal boven in de torenkamer. Op een miniem streepje licht dat schuins door de hoge schietgaten naar binnen valt na, is het er aardedonker. Voorzichtig schuifel ik hand in hand met de kleine Klaas de stoffige, houten vliering op. Verder en verder. Ondanks een onheilspellend gekraak lijkt de vermolmde vloer ons gezamenlijke gewicht te houden. Ik onderdruk een lichte huiver en met m'n hand volg ik op de tast de ronding van de muur. Ik heb het lugubere idee dat ik elk moment met m'n gezicht in een bungelend, halfvergaan lijk kan lopen.

Dan krijgt m'n verstand de overhand; dit is onverantwoord! Ik wil terug naar beneden om een zaklantaarn te halen. Terwijl ik de ongerustheid uit mijn stem probeer te bannen, fluister ik met schorre stem tegen Klaas: 'Misschien moesten we maar 'ns teruggaan, jongen.' Meteen hoor ik vlak naast m'n oor een ijzingwekkende gil, ik krijg een geweldige slag in m'n gezicht en iets enorms vliegt in een flits rakelings over mijn hoofd een schietgat uit. Een paar seconden ben ik klinisch dood.

Dan pak ik Klaas op en ren met hem in m'n armen terug naar de deur. Met wilde haren komt Turf hijgend de trap op snellen: 'Wat was dát in hemelsnaam?!' gilt ze. 'Iets!' weet ik nog uit te brengen. 'Een beest! Groot!'

'De uil!' roept Klaas. 'Dat was de uil!' Dan valt alles op z'n plaats. Het was ons verteld. Er zou een uilenfamilie in een van de torens huizen. Daar hadden we nooit veel aandacht aan besteed, maar vandaag hadden we dus kennisgemaakt...

Later hebben we ze nog veel gezien en op hoogtijdagen legden we op een boomstronk een gebraden kwarteltje voor ze neer. De torenkamer hebben we officieel tot uilenkamer verklaard en de grendels weer voor de deur geschoven. Vandaag de dag wonen de uilen er nog steeds; dikwijls horen we vanuit ons bed in de stilte van de nacht, hun eenzame klaaglijke jachtkreet, die lang nagalmt over de wijngaarden. Elk jaar opnieuw zijn we plaatsvervangend trots als we, gezeten op het terras, hoog boven ons hoofd uit de schietgaten van de torenkamer het verontwaardigde geblaas en gekwetter van een nieuw nest gezonde jonge uilskuikens horen.

Wijn

Met groot enthousiasme ben ik kennis over wijn en wijnmaken aan het vergaren. Zowat alle boeken die er over dit onderwerp verschenen zijn heb ik inmiddels intensief bestudeerd en in mijn hoofd beginnen zich allerlei ideeën te vormen over hoe onze ideale wijn eruit zou moeten gaan smaken.

In augustus 1994 hebben we een rendez-vous met de makelaar die Château de la Garde in portefeuille heeft. Hij gaat ons voorstellen aan iemand die ons aanstaande wijnbedrijf wellicht zou kunnen gaan bestieren: Paul Bordes, een jonge wijnboer met een eigen château in Saint-Émilion. Afgestudeerd aan de wijnuniversiteit van Bordeaux en een bekwaam oenoloog. Zijn wijnen winnen op wijnconcoursen veel prijzen en gaan grif van de hand. Zijn vrouw Beatrice is ook oenoloog, waardoor Paul tijd heeft om ons te komen helpen.

Fransen zijn nog altijd te herleiden tot de Galliërs van weleer en de archetypische Fransman is of een Astérix of een Obélix. Paul is een duidelijk geval van Obélix: een vrolijke bon-vivant met een leuke mollige kop, zwart haar, zwarte snor, oogjes met een lichtje d'r in en een buikje waaruit zijn liefde voor het goede des levens blijkt. Ik mag 'm direct en het klikt vanaf het eerste moment. In de schaduw onder de oude ceder in de tuin hebben we onder de ruisende takken een lang en goed gesprek dat we afronden met een mooi glas Bordeaux.

Een toekomst met Paul als bedrijfsleider ziet er solide uit.

Voor een bedrijf in Frankrijk is een Franse bedrijsfleider een must absolu. Maar de vinificatie van onze wijn wilde ik, hoewel ik zelf nooit anders dan Franse wijn drink, toch liever niet in Franse handen geven. Fransen zijn erg traditioneel en willen alles het liefst doen zoals hun vader of hun grootvader het deed. Mede daarom hou ik zo van Frankrijk; ik ben dol op tradities. Ze vormen onze afkomst. En elke traditie die verdwijnt, is voorgoed verloren. Weer een minder, want er komt niets voor in de plaats.

Maar in het geval van de productie van onze eigen wijn stond me toch iets anders voor ogen: een combinatie van Franse traditie en nieuwe-wereld-technologie. Ik wilde geen Franse oenoloog, maar een Australische 'winemaker'. De kwaliteit en de smaak van de Franse wijn, powered by Australian energy. Ik wilde geen loodzware Bordeaux maken, die eerst tien jaar in de kelder bewaard moet worden voordat hij enigszins te drinken is. Nee, ik wilde me toeleggen op lichte, fruitige wijnen. Een soort Bourgognebordeaux met de smaak van aardbeitjes en kersjes. Wijnen die schoon en helder zijn, maar met behoud van de romige, volle smaak die zo karakteristiek is voor deze streek waar ik zo van hou. De lieflijkheid en het fruit van een Bourgogne en de structuur en de volheid van een Bordeaux.

Bovendien wilden we zo snel mogelijk stoppen met de hier in de regio met enthousiasme beoefende sport 'wie-kan-het-meeste-gif-over-de-druiven-spuiten'. Ik wilde af van de indrukwekkende hoeveelheid veertigkilozakken, bedrukt met weinig goeds voorspellende zwarte doodskoppen, die ik in een der vervallen voorraadschuren aantrof. Van nu af aan geen gif meer over onze liefdesdruifjes. Onze eigen wijn wilden we zelf graag onbekommerd kunnen drinken, zonder wakker te worden met een dood muisje in de mond, of met rare bulten op plaatsen waar geen bulten horen te zitten.

Om goede wijn te maken, zo leerde ik, zijn er vier elementen van belang: nummer één is de grond; twee, de ligging van dat stuk grond ten opzichte van de zon; drie, een druivenras dat op die bewuste grond goed gedijt, en vier, het klimaat.

Deze vier componenten vormen samen wat de Fransen 'terroir' noemen, dat is wat het unieke karakter aan een wijn geeft. Terroir bepaalt het verschil tussen wijn uit Bordeaux of wijn uit Bourgogne. Sterker nog: de afzonderlijke delen van één wijngaard kunnen een verschillend terroir hebben. Vandaar dat experts kunnen proeven of de wijn van één en dezelfde wijngaard, van de noordhelling of de zuidhelling komt.

Daarom moet er leven in de grond zitten; beestjes, insecten. En lekkere vette wormen. Die graven kleine tunneltjes en gaatjes waardoor de bovengrond poreus wordt. Zo krijgt de grond veel lucht en zakt het regenwater snel weg. Daardoor kunnen de wortels van de wijnstruik dieper wortelen op zoek naar voedsel. Diep in de bodem zuigen ze mineralen op en zouten en vitaminen. Een wijnstruik wordt daar groot en sterk van, krijgt een veel grotere weerstand tegen ziektes en geeft volle gezonde druiven. Volkomen maf dus, om al die nuttige en behulpzame diertjes te trakteren op een wekelijkse portie dodelijk gif.

Zelf mordicus tegenstander van het gebruik van gifstoffen in de landbouw, waande ik mij temidden van vele medestanders. Dit bleek helaas slechts ten dele het geval: de meningen die ik over dit onderwerp hoorde waren uiterst mistig. Teneinde mijzelf enig inzicht te verschaffen in deze heikele materie besloot ik om 'ns te gaan kijken hoe de vlag erbij hangt bij de rest van het gilde der Franse wijnmakers, waartoe ik nu tenslotte toch echt zou gaan behoren. Hoopvol vroeg ik me af of er bij mijn aanstaande vakbroeders inmiddels wellicht enige twijfel begon te knagen aan hun naar het scheen nogal vastgeroeste, op chemie leunende landbouwmethoden.

Ik zou wel eens een onbevooroordeelde partij willen horen over dit soort wijndilemma's. Hoe zouden ze dat bijvoorbeeld aanpakken bij de beroemde wijnchâteaus, zoals het door mij zo geliefde Château Ausone? Daar wordt een van de duurste wijnen van de wereld gemaakt en normaal gesproken kom je daar alleen binnen als je vanaf Maartensdijk op je knieën naar Saint-Émilion komt kruipen.

Maar ook in Frankrijk blijkt netwerken z'n nut te hebben: op voorspraak van een wederzijdse kennis, Gérard Seguin, de oenoloog van Château Pétrus, heb ik een afspraak kunnen krijgen met de eigenaar, Alain Voutier. Aan de telefoon had ik al gemeld dat ik geïnteresseerd was in zijn visie op biologische wijnbouw en het zou hem een eer zijn, zo zei hij, mij te ontvangen.

De volgende dag word ik, op weg naar Château Ausone, door een douanebeambte met een wel bijzonder scherpe neus van de weg geplukt: 'Aufmachen!' (maar dan in het Frans). Help! Het blijkt verboden te zijn wijn te vervoeren over de openbare weg zonder speciale douanepapieren. Nou, dan heeft ie aan mij een goeie! Gisteren ben ik in de Médoc langs een paar mij bekende wijnboeren gereden en mijn Chevrolet Tahoe zakt bijkans door z'n hoeven van alle onderweg ingeladen wijnen.

Bij het openen van de achterklep loopt het water de beambte uit de mond. 'Quelle trésors!' glundert hij. En trekt alvast zijn bekeuringboekje. Maar als ik me eruit probeer te redden door te verklaren dat ik met deze wijnen op weg ben naar het beroemde Château Ausone in Saint-Émilion voor een 'dégustation', stopt hij het terug, tikt hij aan z'n pet, houdt het verkeer tegen en begeleidt me respectvol de drukke route nationale weer op.

In tegenstelling tot bijna alle andere châteaus, die grote reclameborden aan de weg hebben geplaatst, wordt de weg naar Château

Ausone op geen enkele wijze aangegeven. Als ik na lang zoeken eindelijk op mijn bestemming arriveer, staat eigenaar Alain Voutier me al op te wachten. Hij is een rustige flegmatieke man met een vriendelijk gezicht en een aristocratische manier van doen. In een zachte linnen pantalon en een gestreken overhemd gaat hij me ontspannen voor naar zijn kantoortje. Tot mijn verbazing blijkt hij een groot deel van zijn vrije zaterdag voor mij ingeruimd te hebben.

Hij legt uit dat op Château Ausone sinds een tiental jaren wordt gewerkt met een combinatie van biologische en traditionele middelen: 'Chemie en wijn zijn met elkaar verbonden, zij het in steeds mindere mate. Maar een 'viticulteur' die zegt dat hij wijn maakt zonder enige vorm van chemie,' verklaart hij onomwonden, 'die liegt.' Hij staat op en loopt om zijn met hoge stapels paperassen bedekte bureautje heen, naar buiten. 'Wilt u wat jaargangen Ausone proeven?' Dat is niet tegen dovemansoren!

Even later staan we in de eeuwenoude kelders. Als je honderd wijnen moet keuren, bijvoorbeeld voor een supermarkt, moet je na het proeven het slokje wijn weer uitspugen, het zogenaamde 'cracher'. Dat kost doorgaans geen enkele moeite. Integendeel: de uitspuugreflex lijkt een natuurlijk onderdeel van het afweersysteem van het menselijk lichaam. Maar bij het proeven van een Château Ausone 1995 ligt dat toch even anders... Een half mondjevol van deze wijn is een kostbare verrukking waar menigeen een transatlantische vliegreis voor overheeft. Maar ook hier blijken de natuurlijke lichaamsreflexen niet stil te zitten: 'Nee! Niet uitspugen! Niet uitspugen!' schreeuwt iedere vezel in mij, als een ferme slok van dit gouden vocht mijn wangen doet bollen. En dan weet je: Verloren... 'Ça, on crache pas'.

Of ik bezwaar heb om rode wijn bij vis te drinken, vraagt monsieur Voutier retorisch als we in het restaurant zitten waar hij me heeft uitgenodigd voor de lunch. Trefzeker bestelt hij een fles Château Cros Figeac Saint-Émilion Grand Cru. De sommelier schenkt in en we proeven.

'Wat vindt u hiervan?' vraagt Voutier. De guitige twinkeling in z'n ogen waarschuwt me dat ik op m'n qui-vive moet zijn. Ik ruik, slurp en kauw de knoertharde wijn.

'Beetje gesloten maar mooi fruit,' ontwijk ik laf. Voutier neemt een slok en bromt: 'Assez correct.' Veel dodelijker kan het niet. 'Deze wijn wordt biologisch-dynamisch gemaakt,' zegt Voutier, 'en u ziet: daar wordt het niet automatisch een goede wijn van.'

Ik moet hem gelijk geven.

De familie Voutier bezit in Saint-Émilion maar liefst vijf wijnchâteaus. Ausone is het vlaggenschip. Daarvoor is niets goed genoeg. Alleen al de kurk die hij me laat zien, heeft een inkoopprijs waar je in de supermarkt een hele fles wijn voor koopt. Ik mag de kurk houden en blijk er later nog veel plezier van te hebben. Niet vanwege plotseling opkomende darmproblemen, maar omdat later elke wijnboer die ik het vijf centimeter lange kleinood laat zien, stil valt van verbazing. Er wordt in geknepen en aan geroken: 'Quelle qualité, quelle longeur...!'

Ausone is een van de oudste wijnchâteaus, waarvan de wijnstokken nog door de Romeinen zijn geplant. Château Ausone wordt 'en primeur', bij voorintekening, zonder enige vorm van reclame, voor hoge prijzen verkocht. Elk jaar opnieuw. Gevraagd naar het publiciteitsbudget van zijn vijf châteaus vormt Vautier duim en wijsvinger fijntjes tot een nul: 'Zéro.' Hij heeft zelfs alle wegbermen en straathoeken laten ontdoen van borden die naar zijn château verwijzen. Naar wijnbeurzen gaat hij nooit, hij stuurt nooit in voor concoursen en heeft een uitgesproken hekel aan reizen. Hij wijst naar de prachtige binnenplaats voor z'n château. Een licht zomerbriesje beroert de bladeren van een dikke eeuwenoude plataan waardoor zonnevlekken dansen op het witte grind. De kasteelheer glimlacht: 'Ik hoef niet weg. Je suis bien ici.'

Makkers

Dat geeft de burger moed. En het zit ons mee, want over de kennismaking met onze potentiële bedrijfsleider Paul hebben zowel Turf als ik een zeer goed gevoel. Nu nog een winemaker.

Na veel zoeken komen we in contact met de Australische winemaker David Morrison: een middelgrote, montere aanpakker met een vriendelijke, open kop. Halverwege de dertig en een beetje vroeg grijs aan de slapen. Een bedachtzame vrolijkerd vol levenslust, die nergens te beroerd voor is. Tijdens de oogst heb ik 'm zien doorhalen tot diep in de nacht. En 's ochtends als eerste weer op, om koffie te zetten en croissants te halen.

In Australië dreef hij een visrestaurantje op het strand bij Sidney. Daar ontmoette hij Isabelle, een mooie jonge Bourgondische oenologe. Samen volgden ze de opleiding voor winemaker. Na die opleiding vertrok Isabelle terug naar Frankrijk. De smoorverliefde jonge winemaker liet alles achter zich en reisde haar na. In Frankrijk voltooide hij zijn stageperiode bij een aantal wijnchâteaus in de Médoc, en kreeg daarna een functie op het beroemde Château Pétrus in Saint-Émilion. Inmiddels is hij getrouwd met Isabelle en wonen zij al weer zo'n jaar of vijftien in het dorpje Puisseguin bij Saint-Émilion, waar David een bloeiende praktijk heeft als 'flying winemaker'.

We zijn d'r uit. Zowel met Paul als met David klikt het vanaf het eerste moment. Dit worden onze wijnmakkers, samen met deze twee mannen gaan we geweldige wijnen vinifiëren. We gaan van Château de la Garde een succesvol wijnchâteau maken! Contracten worden getekend, handen worden geschud. Paul wordt bedrijfsleider, David wordt winemaker en ik mag het stootkussen zijn tussen twee behoorlijk gespierde ego's. Een traditionele Fransman, een eigenwijze Australiër en een Nederlander met de ballen verstand van wijnmaken. Prettige wedstrijd.

Ik vertel David en Paul mijn ideeën: dat ik geen ouderwetse Bordeaux wil maken, maar juist een lichte, fruitige wijn van hoge kwaliteit. Ik benadruk dat we hier, op Château de la Garde, de lekkerste wijn van de streek kunnen maken, de Château Petrus onder de Bordeaux.

En dat is ook zo: een buurman wijnboer had me eens toevertrouwd dat wij, op La Garde, de beste wijngrond van de wijde omtrek hebben. 'Mijn wijn wordt pas lekker, waar mijn grond de uwe raakt,' zei hij met nauwverholen afgunst. Om dat te verifiëren hadden we een geologisch onderzoek laten uitvoeren. Op de computerlijst scoorden we alleen maar negens en tienen. De uitkomst was dat we inderdaad geweldig goede wijngrond bezaten met een hoogwaardig terroir dat identiek was aan dat van Saint-Émilion. Dat klonk mij als zoete broodjes in de oren want Saint-Émilion, daar komen mijn favoriete wijnen vandaan!

Mijn vermetele ambities spreken mijn nieuwe makkers zeer aan. Onze ideeën over kwaliteit sluiten naadloos op elkaar aan. Yesss! Wij hebben elkaar gevonden. Met z'n drieën vormen we een onverslaanbaar team!

De wijnwereld gaat nog opkijken! In een opgewonden juichstemming heffen we de glazen en klinken op een glorieuze toekomst. We maken grote plannen en in onze gedachten rijden vrachtwagens af en aan om onze kostbare wijnen voor hoge prijzen over de diverse werelddelen te verspreiden.

Een wandelingetje door de vinificatielokalen zet evenwel een lichte domper op de gezamenlijke euforie. De wijntechnische apparatuur waarmee het château geëquipeerd blijkt, lokt slechts verschrikte 'Oh lá lá's' en verbijsterd gefluisterde 'Merde's' uit.

Apparatus

De voormalige eigenaar had ons ter bekrachtiging van de verkoop ruimhartig zeshonderd flessen van de onder zijn bewind geproduceerde Château de la Garde nagelaten. Die geven we tot op de dag vandaag nog steeds cadeau aan mensen waar we een hekel aan hebben. Niet te hachelen! 's Mans oogmerk, dat hij overigens deelt met veel van van zijn collega-wijnboeren, was in één woord samen te vatten: kwantiteit. Zo veel mogelijk druiven, zo hard mogelijk uitpersen. Met stelen en al. Rotte druiven, onrijpe druiven, zure druiven, blaadjes, takjes, afgeknipte plukkersvingers; alles ging in een middeleeuwse wijnpers. Die maar op één stand kon: z'n allerhardst. Ook de overige vinificatieapparatuur van het château bleek slechts antiquarische waarde te bezitten.

Dan was er nog het probleem van de 'cuves'. Het waren 'cuves en ciment': witgekalkte betonnen wijnreservoirs met bordeauxrood geschilderde omlijstingen. In het midden van elke cuve een sierlijke 'plaque de numérotation'. Ze dateerden nog uit de 'époque Napoléon' en ik vond ze woest romantisch. Niettemin moesten er volgens mijn kompanen nieuwe, roestvrijstalen cuves komen. Maar als we nieuwe cuves kopen, wat doen we dan met de oude?

Daar hadden we meteen een heikel discussiepunt te pakken: 'On casse,' zei Paul, kapotslaan. 'Let's keep 'm,' zei David. Ik koos voor een in Frankrijk veel toegepaste strategie: 'We doen even niks'.

Dat bleek een goeie. Later, toen ik zo links en rechts 'ns m'n licht opstak, kwam ik erachter dat er onder experts twee stromingen bestaan: de roestvrijstaal-adepten gaan uit van de gedachte dat in een langwerpige, stalen cuve het wel en wee van de druiven beter beïnvloed kan worden dan in een 'ciment'. De ciment-aanhangers daarentegen, claimen dat in hun platte vierkante betonnen réservoirs, door het grotere oppervlak, de drijvende koek van druivenschilletjes veel meer contact heeft met het druivensap, zodat het sap meer kleur en meer smaak aan de schillen onttrekt. Tot deze laatste groep bleken een aantal van mijn favoriete wijnen te behoren zoals Château Ausone en Château Cheval Blanc.

Na langdurige discussies onder de platanen, besprenkeld met koele rosé, wordt besloten tot behoud van de cementen cuves en de aanschaf van twaalf fonkelnieuwe roestvrijstalen cuves met verschillende inhoudsmaten. Dat zou ons op termijn in staat stellen de afzonderlijke percelen van onze wijngaard, die allemaal een eigen microklimaatje hebben, gescheiden te bewaren en apart te vinifiëren. Twaalf nieuwe cuves dus. 'En ach,' zei Paul, 'als we dan toch bezig zijn, dan ook maar meteen het allernieuwste model ontsteelmachine.'

Tijd om de Rabobank te bellen.

We rijden weer terug naar Maartensdijk, om weer maandenlang keihard te pezen in onze muziekstudio. Mijn jingles zijn razendpopulair in reclameland en het is gekmakend druk met opdrachten. Toch bellen we elke dag met Paul en met David. Als ik aan het einde van een dag vol gierende stress zo ongeveer drie soundtracks tegelijk heb gecomponeerd en de laatste bloedspoedkoerier ons grindpad af scheurt, heb ik weer even tijd om met het château te bellen.

In het kantoortje draai ik nog nahijgend van de stress het nummer. In afwachting kijk ik naar buiten over de graslanden van Maartensdijk. Onder een loodgrijze hemel waaieren trieste regensluiers over de kletsnatte weilanden. De telefoon gaat zes keer over, dan wordt er opgenomen. Aan de andere kant hoor ik fluitende vogels en een totaal ontspannen bedrijfsleider.

'Tout va bien, Paul?' vraag ik enigszins overbodig.

Nou en of het goed gaat, het is er stralend weer en Paul zit in de schaduw onder onze platanen de stortvloed aan binnengekomen facturen te rangschikken. 'Nee Ilja, de electricien is niet geweest. Nee, de timmerman ook niet.' Tegen beter weten in vraag ik: 'Maar de metselaar dan, hij zou de keuken toch deze week afmaken?'

'Klopt, maar hij doet er nu eerst even een andere klus tussendoor en hij is begin volgende maand weer terug.'

In gedachten zie ik onze geliefde kasteelkeuken, half gesloopt met her en der opengescheurde zakken cement en bergen zand, waartussen nu in doodse stilte de spinnen hun web weven. Heel voorzichtig probeer ik nog: 'De nieuwe cuves..?' 'Nee, de cuves zijn er ook nog niet.' En of we direct geld willen sturen. Veel geld.

Op de achtergrond hoor ik een traag roestig piepknarsje. Ik herken het direct: het is de windwijzer op de kasteeltoren, de wind draait kennelijk een beetje. 'Ach,' weet ik dan, 'er gebeurt tóch nog iets daar…'

Boenga, boenga, boenga, boenga, 140 beats per minute. De zwaargeteisterde conussen van de JBL-525 speakerhorns in onze muziekstudio bollen ritmisch mee op de snoeiharde housebeat. Geconcentreerd luisterend zit ik midden in de productie van een spetterende remix voor een Heineken-commercial. 'Tring, tring!'

'Ilja,' jammert Paul, 'David, is gek geworden! Hij wil het volledige slangenbestand vervangen!' In rad Frans volgt een waterval van technisch wijnabacadabra. Verstrooid hoor ik Paul aan. Ik heb nog niet het begin van een idee waar hij het over heeft. Een slangennest? In ons kasteel? Ik draai de bonkende drumbeat een paar streepjes zachter.

'Bovendien, het is helemaal niet nodig! Dit gaat je een 'fortune' kosten!' Au! Dát woord begrijp ik maar al te goed: een 'fortune' kosten… Ik hanteer m'n recentelijk geadapteerde Franse strategie: 'We doen even niks.'

Twee weken later zijn we op het château. De oogst is ophanden en de nieuwe cuves zijn nog steeds niet gearriveerd. Daarnaast zijn er nog ongeveer tien miljoen andere dingen die niet geregeld zijn en er is in geen weken iets gebeurd dat ook maar enigszins als een vooruitgang uitgelegd zou kunnen worden.

Als ik met m'n twee wijnsoulmates in de chai sta, toont David me de beschimmelde slangen en de roestige, lekkende slangkoppelingen. Met een schroevendraaier peutert hij er een rubberen ring uit en houdt die onder m'n neus. Er zit een dikke koek beschimmelde smurrie op.

'This aint right, mate,' bromt hij en legt uit: 'Wijn stop ik in mijn mond. En alles wat ik in mijn mond stop moet schoon zijn. Daarom moet alles waar de wijn mee in contact komt, óók schoon zijn. Ik vind dat we al deze ouwe slangenshit moeten vervangen en meteen een groot bad met ontsmettingsmiddel installeren, waar we vóór en na elke handeling al het nieuwe materiaal gemakkelijk in kunnen schoonmaken.'

Paul kijkt met voorgewende nonchalance naar de zwaar vervuilde rubberen ring en maakt het geluid waarop Fransen het alleenrecht hebben: een soort mondscheet die gepaard gaat met schouderophalen. Hij heft met gesloten ogen en veel Frans drama z'n armen ten hemel en zegt: 'C'est...: Terroir!!'

Terroir omvat volgens Paul niet alleen de ligging en de grondsoort, maar ook de bacteriën op de keldervloer, en de schimmel in de slangen. Met wijd gespreide armen wijst hij in een allesomvattend gebaar om zich heen: 'Terroir, c'est nous! C'est les microbes! Terroir, c'est tout qui vive!!'

Ik ben het helemaal met 'm eens, maar voor alle zekerheid besluiten we toch maar om het sterk verouderde slangenbestand integraal te vernieuwen.

Wilde druiven

Toen we in september '94 het koopcontract ondertekenden, kochten we niet alleen het château, maar ook de nog te plukken oogst. Dat jaar was het er klimatologisch buitengewoon beroerd aan toe gegaan in de Bordeauxstreek. Tot overmaat van ramp waren onze toekomstige wijngaarden dat jaar verzorgd, c.q. níet verzorgd, door de vorige eigenaar, die toen al wist dat ie z'n kasteel zou gaan verkopen en dus dat hele jaar niets meer aan onderhoud had gedaan. De situatie in de wijngaard was 'terrible'. De druivenstruiken waren totaal verwilderd. Er was niet gesnoeid en niet gekrent en de twijgen bogen door onder het gewicht van veel te veel druiven.

Doordat de druiventrossen te dicht tegen elkaar aan groeiden was de boel gaan rotten. Overal kleefden trossen aan elkaar als dikke grijze schimmelklonten, hier en daar afgewisseld met onrijpe, zure trossen.

Deze troosteloze aanblik ontlokte aan passanten meewarige 'Oh là là's' en 'Mon Dieu's'. Tot aan de postbode en de vuilnismannen toe, iedereen was het erover eens: zó erg hadden ze het nog nooit gezien. Het hele dorp sprak er schande van en had met ons te doen. We kregen meewarige blikken en bemoedigende schouderklopjes. Marie Piraud, de vrouw van de smid, kwam met een grote pot ingemaakte 'Confit de canard' en een zelfgebakken wandtegel waarop met zwierige reliëfletters 'Château de la Garde' was geboetseerd. De bakkersvrouw kwam ons spontaan een kistje gele pruimen onder de riem steken.

'Oohhh, les pauvres Hollandais…'

Personeel

Er rest ons nog ongeveer een maand voordat er geoogst zal gaan worden en we besluiten alles op alles te zetten om in die ene maand de kwaliteit van onze toekomstige wijn zo veel mogelijk te verbeteren. Alleen: we hebben geen personeel. Ingevolge het adagium 'Truth in advertising' schrijven we een openhartige text, die we vol goede moed doorfaxen aan de afdeling rubrieksadvertenties van de *Sud-Ouest*. In de weekendbijlage, onder het kopje 'Personel agricole', verschijnt onze oproep voor een 'mouton à cinq pattes': 'Gezocht: manusje van alles, die ons wil komen helpen om in een maand tijd handmatig vijftien hectare wijngaard op te schonen.'

Verwachtingsvol kijken we uit naar de stroom van enthousiaste aanpakkers die met verende tred onze binnenplaats zullen betreden. Na enige dagen vergeefs wachten meldt zich als enige reflectant een corpulente vijfenzestigplusser op een brommer. Op de bagagedrager is een oud sinaasappelkistje bevestigd. Door het gaas dat eroverheen is gespannen kijk ik in de angstige ogen van een groot kastanjebruin konijn.

'Pour ce soir,' verklaart de man en klopt ter verduidelijking verlekkerd op zijn imposante buik. Gezeten op het doorgezakte zadel van zijn Motobécane neemt hij met een verwonderde blik onze ondoordringbare wijnwildernis in zich op, dan richt hij zich tot mij en zegt zichtbaar onder de indruk: 'Dat is een mooie klus, monsieur,' hij knikt instemmend, 'een héle mooie klus.' Hij zwijgt even en schiet in een verbaasde lach. 'Mais pas pour moi!'

Hij schudt me nog naproestend de hand, start z'n brommer en snort met een bemoedigend 'Bon courage' het pad af.

Even kregen we die middag nog een vleugje hoop toen er een enthousiaste jongeman in een geblindeerde Fordbus toeterend de poort door kwam rijden. Maar het bleek een zogenaamde 'marchand de tapis'. Een van de rondreizende sjacheraars die met allerlei smoesjes Perzische tapijten van twijfelachtige herkomst proberen te verkopen. Naar mijn idee zouden bij het ontrollen van zo'n tapijt de glasscherven van de etalageruit er met stoeptegel en al uitvallen, maar volgens de koopman betrof het hier een unieke 'promotion de faillite'. En omdat wij zulke mooie blauwe ogen hadden zou hij ons kortingen verstrekken tot ver onder de helft van de winkelprijs. Eigenlijk was het een cadeau, zo moesten we het zien. Ofschoon er volgens de handelaar desgewenst in wijn zou kunnen worden afgerekend, zagen we toch maar van aankoop af. Een Perzisch tapijt was nou niet precies datgene waar we als allereerste behoefte aan hadden. Of het zou er eentje moeten zijn van het model waarop je ver weg kunt vliegen...

Dus niemand wil ons komen helpen? Dan maar niet! Dan doen we het zelf wel! In de grote kasteelkeuken richten we met behulp van oude matrassen en kussens een knus hoekje in voor de kleine Klaas. Temidden van z'n zachte dieren en z'n speelgoed kan hij daar lekker spelen en met z'n tweetjes trekken Turf en ik weken lang elke dag, in de gestadig neervallende regen, de wijngaarden in. Tussen de welig tierende wijnranken, voeren we een verbeten veldslag tegen veel te lange uitlopers die als lianen de paadjes tussen de wijnstokken versperren. We knippen beschimmelde en onrijpe trossen zorgvuldig tussen de goede uit, we slaan nieuwe palen, trekken er ijzerdraad langs en binden omgewaaide wijnstruiken weer op.

Vol verwachting slaan we elke ochtend het weerbericht in de *Sud-Ouest* op: zou de regen eindelijk stoppen? Maar het weer blijft slecht. Het regent dag in dag uit. In lange legergroene plastic regenjassen soppen we met z'n tweetjes de hele dag door de kletsnatte wijngaarden. Als we 's avonds, uitgeput, doornat en verkleumd tot op het bot, ons kasteel binnenstrompelen, moeten we de snoeischaar zowat uit onze van de kou verstijfde handen breken.

Maar in de oude schouw van de kasteelkeuken knappert een groot vuur en op het fornuis staat een zwarte gietijzeren pot 'Confit de canard aux truffes' veelbelovend te pruttelen. We ontsteken de kaarsen in de zilveren kandelaars en schuiven aan de lange eettafel.

De warme haard behaaglijk in de rug, eten we van onze dampend volle borden die we schoonschrapen met krakend stokbrood. Gloedvolle rode wijn fonkelt in de glazen. Om negen uur 's avonds vallen we, vaste prik, allebei met ons hoofd voorover in ons bord in slaap.

Schietles

Als je een kind weghoudt van gevaar, zal het nimmer leren wat gevaar is. Toen Klaas zes jaar werd, leerde ik hem daarom geweerschieten. In Frankrijk kun je op elke willekeurige rommelmarkt zonder problemen een puik functionerend jachtgeweer kopen. No questions asked. Dientengevolge was het antieke eikenhouten gewerenrek dat we eens op een veiling op de kop getikt hadden, al vrij snel gevuld met een flinke verzameling vuurwapens. Twee opvouwbare stropersgeweren, een punt tweeëntwintig kogelbuks van het merk Armageddon, een zogenaamd 'Sniperifle' en een aantal dubbelloops jachtgeweren van uiteenlopend kaliber.

Wanneer we even niks te doen hadden propte ik m'n zakken vol kogels, hing het Flaubert elf-millimeter-stropersgeweer aan de riem over m'n schouder en hand in hand stapten Klaas en ik het park in. Tegen een hoge zandheuvel bekwaamde ik mijn zoon in de professionele omgang met vuurwapens. Ik leerde hem de veiligheidsregels, hoe je moet richten, hoe je moet schieten en hoe je moet raken. We hadden er allebei veel plezier in en het maakte deel uit van onze wekelijkse routine. Soms als we 's avonds aan tafel zaten zei Klaas: 'Drink nog maar een flesje wijn, Pap!' 'Hoezo jongen, we hebben deze nog niet eens op!' 'Ja, maar als jullie er nog een drinken hebben we morgen lekker veel lege flessen om op te schieten!'

Om zijn schiettechniek verder te verfijnen heb ik eens een gezicht getekend op een stronk bloemkool, mijn alpinopet er overheen getrokken en op een paal gespietst. Nog steeds lachen we samen om het ronde gaatje dat zich op voorhoofdshoogte in m'n alpino bevindt.

Toen Klaas een jaar of zeven was liepen we eens in Bordeaux over de levendige voorjaarskermis op de Place des Quinconces. Temidden van het kermisrumoer stuitten we op een vrijwel verlaten schiettent. Ik aarzelde nog, maar Klaas wilde direct zijn geluk beproeven. Aangespoord door het geruk aan m'n arm gaf ik toe: 'Bonjour, monsieur,' begroette ik de overvloedig getatoeëerde kermisbaas, 'zou de kleine misschien een poginkje mogen wagen?' Met lichte tegenzin overhandigde de kraamhouder mij een van de op een tafelkleed uitgestalde buksen. Ik laadde het wapen en gaf het aan Klaas. De uitbater startte de luchtmachine en de gekleurde ballonnetjes achter het metaaldraad begonnen op de maat van de muziek op en neer te dansen.

'Pang!' mikte Klaas en er was een ballon minder. Verbaasd maakte de kermisbaas zijn blik los van twee volumineuze dames die heupwiegend passeerden.

'Pang!' schoot Klaas nog een keer, en weer was er een ballon minder, de mond van de man viel open. 'C'est pas possible,' stamelde hij.

'Pang!' schoot Klaas weer en daar knalde ook de laatste ballon.

Later kon je over de rumoerige Place des Quinconces een hele grote witte pluchen beer zien lopen met twee korte kindervoetjes er onderuit, die van Klaas. Met grote moeite kon hij de immense knuffel vasthouden die hij zojuist voor zichzelf geschoten had. Nooit hebben we ons geweer zelfs maar gericht op een levend wezen. We houden allebei veel te veel van alles wat leeft. Maar flessen en blikjes? Graaaag!

Thuis volgt na de schietles het onvermijdelijke schoonmaken der geweren. Een nauwgezet, maar leerzaam karweitje: geweer uit elkaar halen, de ragers in elkaar schroeven, de loop schoonragen en daarna met ouwe doeken en geweerolie de afzonderlijke onderdelen zorgvuldig reinigen. Samen zitten we, allebei met ons eigen geweer, aan de grote tafel in de keuken te ragen en te poetsen. De zon schijnt naar binnen en de atmosfeer is vervuld van vredige rust en de geur van geweerolie. Tijd bestaat niet. Aan het einde van een lange dag gaan we lekker aperitieven, nootjes eten en kaarten. Daarna gaan Turf en ik naar de keuken om op het grote houtfornuis het diner te bereiden terwijl Klaas zich gezellig in zijn hoekje nestelt, met z'n vers geschoten knuffelbeer en een stapel Asterixen.

Met de aankoop van het château waren we tevens eigenaar geworden van twee oude tractors. In de opstallen achter het kasteel stonden ze broederlijk naast elkaar te wachten op een nieuwe berijder. Nog nooit in m'n leven had ik op een trekker gereden, maar het leek me prachtig; zo'n groot bonkend ding tussen je benen. Weer 'ns wat anders, nietwaar?

Op een moment dat daartoe geschikt leek had ik Paul gevraagd of hij Klaas en mij wilde onderrichten in de edele kunst van het trekkerrijden.

'Mais naturellement Ilja, venez, venez!!' Vol verwachting beenden we door het park naar de trekkerstal. Paul legt geduldig uit waar alle hendels en knoppen voor dienen, draait het versleten sleuteltje om en puffend komt de roestige oranje landbouwmachine tot leven. Paul gaat erop zitten en doet het op dicteersnelheid voor: achteruit, vooruit, remmen, gasgeven. Paul stijgt af en ik mag eerst. Voorzichtig geef ik een klein beetje gas, maar toch nog te veel. Verschrikt wil ik remmen, maar m'n gladde rubberlaars schiet van het versleten rempedaal en in paniek trap ik het gaspedaal tot de bodem in. De motor begint woedend te loeien en terwijl de uitlaat een zwarte wolk uitbraakt drijf ik de trekker met een krakende klap rechtstandig de staldeur in. Zelf word ik op een haar na uit het ijzeren stoeltje geparachuteerd en de staldeur hangt versplinterd uit z'n hengsels. Papa is af, nu mag Klaas.

Het ventje kwam nog niet eens boven de trekkerband uit, maar toch wilde ik hem vertrouwd maken met het landleven. Paul heeft hem op schoot genomen en heeft 'm leren trekkerrijden. Ondanks zijn zeven jaar, had hij het binnen de kortste keren onder de knie. Nog zie ik dat kereltje op de grote oranje Renault trekker voorbij hotsen, op en neer schuddend door de kuilen in het pad. Ik hield m'n hart vast, maar hij had het stuur van het machtige apparaat zelfverzekerd in zijn knuistjes, zijn blonde kuifje fier in de wind.

Terwijl ik zelf tot op de dag van vandaag het ding nog niet eens aan de praat krijg, kan Klaas er inmiddels mee lezen en schrijven. Toen hij acht was reed hij op een oude Solex rondjes in het park en op zijn tiende jaar scheurde hij in onze Méhari door de wijngaarden. Zelf vindt hij het allemaal niet zo bijzonder, maar ik wel. Het is die vrijheid, die ik zo liefheb.

Wijn betalen

Paul is onze steun en toeverlaat. Elke dag komt hij kijken hoe we het rooien. Samen zitten we aan de tafel in de keuken om de hoge stapels rekeningen door te nemen. Hij maakt me wegwijs in het doolhof van de Franse overheidsadministratie, die vele malen erger is dan wij in Nederland zelfs maar vermoeden. Later heb ik overigens begrepen waar dat morbide Franse administratiefetisjisme vandaan komt: Frankrijk is zeker vijfhonderd jaar bezet geweest door de Romeinen. Door die lange overheersing zijn de Fransjes zo gewend geraakt aan administratieve controle, dat ze niet meer zonder kunnen. Sterker nog, ze zijn er dol op. Ze houden er van zich aan de regels te houden. Daar worden ze prettig van. Terwijl ik het juist weer leuk vind om tegen de regels in te gaan. Menigmaal heb ik me moeten bedwingen om de meterslange wijnquotumformulieren niet direct met een machtige beweging in de open haard te flikkeren. Maar na verloop van tijd merk je vanzelf dat 'Go with the flow' de beste strategie is tegen de Franse administratiewaanzin.

In de beginperiode van ons château-avontuur spoot het geld in brede stralen de spuigaten uit. Op een dag zaten Turf en ik met Paul aan de keukentafel de ene torenhoge rekening na de andere te accorderen. Paul was een bezwaarschrift tegen een opgelegde aanslag aan het schrijven en ik zat een beetje weg te dromen.

De zon stond laag, het was al bijna tijd voor het apéro en door de geopende keukendeur woei de geur van pasgemaaid gras naar binnen. De zwaluwen die eerst hoog in de lucht als zwarte stipjes in de blauwe hemel grillige patronen hadden beschreven, scheerden nu in lage duikvluchten over de binnenplaats. Rakelings langs de grond en net op tijd weer omhoog. Ik hoorde er in gedachten geluid bij. Klaas zat zachtjes neuriënd in zijn hoekje te spelen.

'Weet je wat,' dacht ik, 'dat gezeur! Elke keer terug naar Maartensdijk! Waarom blijven we eigenlijk niet hier!? Ik kap met die reclamemuziek! Laat ze barsten die klanten!'

Alsof hij mijn gedachten kon lezen vroeg Paul al schrijvend: 'Wanneer gaan jullie weer terug, Ilja?'

'Och,' snoefde ik, 'dat weten we nog niet zo. Misschien voorlopig wel helemaal niet....'

Hij hield op met schrijven, legde zijn pen neer en keek me doordringend aan. Met een stem als Jean Reno in een van zijn zijn mooiste rollen zei hij: 'Ne quitte pas la musique, Ilja.'

Een juist advies en een vooruitziende blik, bedacht ik veel later toen ik, komend uit m'n muziekstudio, Turf weer eens enorme bedragen naar onze Franse rekening zag overboeken.

Rooien

Een van de redenen waarom we zo verliefd op dit château zijn geworden is de omgeving. De heuvel waarop het château ligt, is bebost met oude eiken en beuken, meidoorns, grote helgele bremstruiken en geurende laurierbomen. Daar doorheen lopen allerlei overwoekerde wandelpaden en smalle kronkelige dierenpaadjes. Een door wilde bloemen omzoomd paadje dat dwars door ons grote ommuurde privépark slingert, eindigt bij twee bemoste stenen pilaren waartussen een oude houten deur, die niet helemaal meer sluit.

Daar, in de deuropening van het park, is het alsof je uit de tovertuin stiekem naar de echte wereld kan kijken. Heel in de verte zie je de brede brug over de Dordogne waar als kleine blikkerende stipjes de auto's overheen krioelen. Daarachter, al bijna in de mist van de verte, de contouren van de grote gonzende stad Bordeaux. Daar is de drukte, het lawaai. Daar zijn de winkels,

de markten, de restaurants en de terrasjes.
Maar hier, in de halfgeopende deur naar het toverpark, heerst een weldadige rust en een diepe stilte, geaccentueerd door het zingen van de vogels en het zachte ruisen van de bomen. Beneden, naast het park, ligt een klein afgezonderd wijngaardje dat 'Le Triangle' genoemd wordt. Aan alle kanten beschut door eikenbomen en hoge meidoornhagen, hebben de dieren hier vrij spel. Het wemelt er van de konijnen- en reeënsporen.

Onder de braamstruiken bij een eikenbosje is een grote dassenburcht; een netwerk van holen en gangen halfverscholen onder het gebladerte. Bij de hoofdingang van de burcht getuigen talloze pootafdrukjes van een druk nachtelijk komen en gaan. Ook hebben we er wel 'ns oog in oog gestaan met een verbaasd knorrend everzwijn. Er groeien korenbloemen en klaprozen en Turf en ik mogen hier graag wandelen. Soms, als niemand ons mist, vermeien we ons wel eens even in het hoge gras.

Met Klaas ga ik hier dikwijls op avontuur, allebei met het jachtgeweer op de rug en een kapmes aan de riem. Geen haar op mijn hoofd die er ook maar over peinst om op een dier te schieten, maar met lange laarzen aan en zo'n stoer geweer op je rug door het bos struinen, vinden we allebei prachtig. Als Indiana Jones hakken we in op woekerende braamstruiken en boomwurgers. Om na een paar uur gloeiend van de hitte en helemaal bezweet ons de kleren van het lijf te rukken en met een lange strijdkreet in het zwembad te plonzen.

'Waar bos staat, kunnen wijngaarden staan,' zegt Paul gedecideerd.

'Neeee, ik vind het zo móói!' jammer ik. 'Bovendien, de dieren! Het barst daar van het wild.' Paul stopt met eten en legt zijn vork neer. 'Iljaaaa…' kreunt hij vermoeid, alsof ie het tegen een kind heeft dat voor de zoveelste keer over de lijntjes heeft gekleurd, 'wil je nou wijnboer worden of boswachter?' Met een toegeeflijke glimlach hervat hij hoofdschuddend de maaltijd en veegt met een kontje brood het laatste restje rillette uit de kom. 'Ils sont fous, les Hollandais,' hoor ik 'm denken, 'dieren moet je toch gewoon opeten?'

We ontbijten buiten aan de grote tafel onder de platanen. In een stralende ochtendzon zitten we slaperig wakker te worden met grote kommen verse koffie, warme croissants en de ochtendkranten. Klaas zit het speeltje uit z'n 'oeuf surprise' te assembleren. Een licht briesje laat de blaadjes van de platanen zachtjes ruisen en zonnevlekjes spelen over het roodgeblokte plastic tafelkleed. Een heerlijke nieuwe dag begint. We hebben geen afspraken, er komt niemand. Deze dag is nog zo schoon als een onbeschreven blad.

Turf leest een grappig bericht voor uit de *Sud-Ouest*, maar ik droom weg over het raadsel van de croissant. Ofschoon afkomstig van dezelfde bakker, zijn de croissants van vandaag van een compleet andere kwaliteit dan de croissants van gisteren. Een fenomeen dat je in Frankrijk wel vaker tegenkomt: word je de ene dag verblijd met een zakje luchtige knapperig gebakken patisserie, kan het zeer wel gevallen dat je, bij precies dezelfde bakker, 's anderendaags de winkel verlaat met een zak loodzware vette deegklonten. Onbegrijpelijk, maar waar. De receptuur van de croissant lijkt een goed bewaard geheim waar de Franse bakker dagelijks opnieuw maar een slag naar moet zien te slaan.

Dan word ik bruut uit deze filosofische bespiegelingen gerukt door het snel naderende motorgeronk van een zware dieseltruck. Voor de kasteelpoort stopt een vrachtwagen met oplegger waarop een uitzonderlijk grote bulldozer wordt vervoerd. Een gebutst geel ijzeren monster, aan de voorzijde voorzien van een grijpbak met blinkend scherpe punten. Aan de achterkant bevindt zich een tweede grijparm waarop een dikke stalen balk van wel vier meter lang is gemonteerd. De vele deuken en diepe roestige krassen geven aan dat deze zware jongen al menigmaal als overwinnaar uit de strijd is gekomen.

De deur van de vrachtwagen zwaait open en er stapt een man uit wiens buik de indruk wekt dat hij op het punt staat te bevallen van een gezonde tweeling. Gedecideerd trekt hij aan de poortbel. Over zijn imposante embonpoint spant een lichtblauw nylon poloshirt van het soort dat al in brand vliegt als je er een sigaret een meter vandaan houdt. Hij draagt een vale pantalon bleu, een gerafelde pet en afgetrapte geruite pantoffels. Hij geeft me een grote eeltige klauw: 'Bonjour monsieur. Je suis bien chez Château de la Garde?'

Monsieur Biasie blijkt door Paul ontboden om korte metten te maken met het opschot rond onze lievelingswijngaard, de Triangle. Met veel kabaal en sissende rubberslangen wordt de monsterbulldozer van de aanhanger gereden en grommend en brullend klauwen de rupsbanden over het pad langs de wijngaarden, op weg naar de Triangle. Ik vertrouw het voor geen meter en scheur met de Méhari langs de andere kant naar de Triangle. Vlak voordat de bulldozer de hoek om komt parkeer ik de Méhari dwars voor de toegang naar het wijngaardje en ren naar het aanstormende graafwerktuig.

Ik grijp me vast aan een stang en hijs me op de treeplank. Door het geopende raam schreeuw ik boven het gebrul van de motor uit in het oor van monsieur Biasie dat hij alléén de hoog opgeschoten meidoornstruiken en vlierbesbomen mag kortwieken, verder niets. Hij doet of ie me verstaat, tikt begrijpend aan z'n pet en adviseert me ver weg te gaan staan, want als hij aan de slag gaat kan het 'très dangereux' worden. Ik start de Méhari en parkeer hem veiligheidshalve een eind heuvelopwaarts.

Biasie sluit zorgvuldig het ijzeren rooster voor zijn raam. Hij haalt een rode hendel over en sissend komt de grijparm met de stalen balk omhoog. De motor begint te loeien en met toenemende snelheid begint de vier meter lange balk als een hels kapmes in het rond te wentelen. Sneller en sneller. Schokkend en bonkend komt het monster tot leven en met loeiende motor rijdt hij naar een bosje meidoornstruiken. De grijparm gaat nog hoger en dan daalt de op topsnelheid rondwervelende stalen balk, als een monsterachtige ventilator, met een gierend gehuil rechtstandig de struiken in.

Vijf seconden later zijn de meidoornstruiken in een wolk van splinters en rondvliegende takken met de grond gelijk gemaakt. De grijparm komt weer omhoog, Biasie manoeuvreert iets achteruit en koerst dan af op een honderd jaar oude eik. De arm met de op hoge snelheid rondgierende balk daalt met een afschuwelijk gehuil in de bladerkroon. Afgerukte bladeren en stukken hout vliegen door de lucht en ik kan nog net op tijd wegduiken als er een dik stuk boom met een lengte van zeker twee meter rakelings langs m'n gezicht vliegt en zich krakend in de braamstruiken achter mij boort. Even later is de eikenboom verdwenen en staat er alleen nog een rafelige stomp. Dan trekt Biasie zijn bulldozer gierend en brullend terug en stuurt lijnrecht af op het eikenbosje met de dassenburcht. Mijn hart stokt in m'n keel. Ik zet mijn handen aan m'n mond en schreeuw met overslaande stem: 'Biasie! STOP! STOP!!!' Maar mijn stem verdwijnt totaal in het gehuil van de moordmachine.

Schreeuwend en zwaaiend met m'n armen ren ik de heuvel af, maar hij hoort of ziet niets. Dan gaat de dodelijke arm weer omhoog en daalt neer in het gebladerte van het eikenbosje. Met m'n armen bescherm ik m'n hoofd en voorovergebogen ren ik in een dolle stormloop recht tegen de aanstormende regen van houtsplinters en afgebroken takken in.

Bij de bulldozer gekomen raap ik een dikke tak van de grond, spring op de treeplank en ram de tak keihard tegen het ijzeren rooster voor het cabineraam. Ik kijk door het rooster in zijn gezicht. Geconcentreerd met strak geknepen lippen trekt hij aan de hendels met gele en rode bolknoppen. Hij kijkt recht vooruit en ziet mij niet.

De grijparm gaat omhoog voor een nieuwe doodsteek in het eikenbos en schreeuwend in de oorverdovende herrie trek ik me op de motorkap. In blinde razernij hengst ik keer op keer de tak tegen het rooster van de voorruit. Dan ziet hij me. Zijn verweerde kop krijgt een uitdrukking van stomme verbazing en het peukje Gauloise in z'n mondhoek valt eruit. Hij rukt aan een hendel en sissend komt de helse machine tot stilstand. De ijzeren balk boven mijn hoofd blijft doordraaien en Biasie klikt het rooster open. 'STOP!' gil ik in z'n oor. Biasie zet nu ook de balk uit en zwaait de deur open. Ik veeg een laag groene bladflinters en houtsnippers uit m'n gezicht en nog nahijgend leg ik hem met schorre stem uit, dat dit niet helemaal de bedoeling is.

Samen maken we even later een 'tour de vignes'. Op z'n geruite pantoffels kuiert hij ontspannen naast mij door de bebossing rond de wijngaarden. Met behulp van een rol rood-wit markeringstape bepalen we nauwkeurig welke struiken weg mogen en welke niet. We bekrachtigen het met een stevige handdruk en Biasie gaat weer aan de slag. Als de dag ten einde is zit zijn taak erop.

Het terrein ziet eruit alsof er zojuist een middelgrote kernbom tot ontploffing is gebracht, maar we zijn, van de positieve kant bezien, anderhalve hectare wijngaard rijker. En de mooie oude bomen zijn behouden.

Vandaag de dag is de Triangle er nog altijd; hij geeft de beste druiven van onze hele wijngaard, de meidoornstruiken staan in volle bloei en de dassen hebben elk jaar jongen.

Aan de achterkant van het château ligt een weilandje van een halve hectare waar we, volgens onze 'droits de plantation', wijnstokken mogen planten. Een kolfje naar de hand van monsieur Biasie want zoiets begint met een stevig robbertje grondwerk. Monter heeft hij zijn zware kampioensmachine naar het weilandje gereden. Dit is zoals hij het zelf omschreef 'een gebakken eitje'. Nog voor de lunch zal hij het terrein ploegklaar afleveren. Maar waar de happende bek van de megabulldozer als een lepel in een chocoladetaart de grond in had moeten glijden, stuitert de graafmuil met veel geschraap en gebonk telkenmale terug. De moordmachine schudt en trilt onder het geweld, maar keer op keer bijten de glinsterende kaken vergeefs in de keiharde grond.

Na ettelijke vruchteloze pogingen stapt de drakendoder uit zijn voertuig en bekijkt zijn vijand. 'Merde!' Hij krabt zich verbaasd onder zijn pet: 'On est sur les roches!'

Aha! Dus dáárom lag hier een weilandje! Niemand heeft het ooit in z'n bolle harses gehaald om dat te ontginnen. De grond bestaat uit enorme witte rotsblokken ter grootte van een bestelbus!

Maar monsieur Biasie geeft niet op en vangt aan met een langdurige operatie waarin hij de gigantische rotsblokken een voor een uit de grond licht. Ze worden op vrachtwagens geladen, om het château heen twee kilometer naar de andere kant gereden en daar weer uitgeladen. De lege vrachtwagens worden daar gevuld met kostbare wijngrond, rijden om de heuvel heen weer terug en storten hun lading terroir in de gapende gaten die de rotsblokken hebben achtergelaten. Om de grondafgraving aan de andere kant van het château voor wegglijden te behoeden, bouwt Biasie van de uitgegraven rotsblokken een soort reuzenmuur.

Uit Bordeaux komend zagen we al van kilometers afstand de

hoog oprijzende muur van spierwitte rotsblokken oplichten in de groene zee van wijngaarden en bossen.

Ik had het gevoel dat we zeven wereldwonderen aan het verricht-en waren. Het kostte pakken met geld en eigenlijk begreep ik er niets van, want: waarom? Al deze titanenarbeid zou ons een halve hectare wijngaard bezorgen, en die moest dan eerst nog eens geploegd en beplant worden om vervolgens een wijn op te leveren die hooguit anderhalve euro de fles zou opbrengen. Want dat is de going price voor een eenvoudige Bordeaux. Maar goed, stelde ik mijzelf gerust, bij ons was er geen sprake van een eenvoudige Bordeaux.

Wij zouden immers de beste wijn van Bordeaux gaan maken?

Oogsten

Hoe vaak had ik thuis aan tafel aan een glas mooie wijn gesnoven, een voorzichtig nipje genomen, en was ik als het goddelijke vocht naar binnen gleed, keer op keer weer verbijsterd: hoe kon zoiets simpels als het uitpersen van een paar druiven zo'n hemelse drank opleveren? Die neus! Dat heerlijke bouquet! Die diepe, volle smaak! Het was absolute magie. En nu was het zover: voor het eerst in mijn leven ging ik druivenplukken. In m'n eigen wijngaard nog wel. Met m'n eigen handen zou ik m'n eigen druiven voor m'n eigen wijn gaan plukken. Voor het eerst zou ik zelf intensief bij het productieproces betrokken zijn; dat zou mij in staat stellen de geheimen van de wijn te doorgronden. Eindelijk zou ik het mysterie van de wijn deelachtig worden.

Niets, evenwel, was minder waar. Het enige wat ik leerde was wat totale lichamelijke uitputting betekende. En dat er zoiets als een pijngrens bestond. En dat je daar dan ook weer overheen bleek te kunnen.

Maar er is wel iets veranderd: nooit meer zal ik een glas wijn zo maar opdrinken.

Na wekenlang keihard zwoegen tussen het gebladerte en de druiventrossen, de aarde en de stenen, de regen en de zon, voelde ik me verbonden met de grond en met het terroir. We hebben ons een enorme opoffering getroost voor de productie van een paar vaten druivensap en na deze onthullende gewaarwording zal wijn mij nimmer meer hetzelfde smaken. Het drinken van een glas wijn heeft voor mij een geheel nieuwe betekenis gekregen.

Druivenplukken gebeurt in de Bordeauxstreek volgens eeuwenoude traditie door zigeuners. Het zijn rondtrekkende 'troupes' die meereizen met het oogstmoment. Meestal komen ze vanuit Spanje omdat daar de oogst eerder begint. 'Papi', de achtenzeventigjarige vader van de burgermeester van ons dorpje, vertelde me dat in zijn jeugd, arme Spaanse boeren te voet de Pyreneeën overstaken om in de oogstperiode een loontje te verdienen als druivenplukker in de Bordeaux. Om hun schoeisel te sparen trokken ze barrevoets over de ruwe bergpaden door het Pyreneese hooggebergte. De schoenen aan een stok over de schouder.

Zoniet onze zigeuners. Hun grote oude auto's met de vuilwitte caravans erachter, staan geparkeerd tussen onze wijngaarden langs het pad naar het château. De 'nomades' blijven als een grote familie bij elkaar en zijn volledig selfsupporting: tussen de middag koken ze in het gras langs de wijngaarden hun eigen potje. In klapstoelen rond de koelbox worden daar gegrilde kippen met rode paprika en gebakken uien verorberd, weggespoeld met door ons met gulle hand verstrekte rode wijn.

Als het regent of als er te veel druiven nog niet rijp zijn wordt er niet geplukt. De zigeuners trekken weg en we zijn weer alleen. Komt de zon weer terug, dan komen ook de nomades weer terug. Met mobiele telefoons wordt er druk heen en weer gebeld en een paar uur later staat de lange rij caravans weer langs het pad.

Soms nemen ze het risico en wachten bij ons de uitgestelde pluk af. De mannen doden de tijd met kaarten en petanque spelen. In de wijngaarden wappert kleurig wasgoed en buiten voor de caravan treffen de vrouwen de voorbereidselen voor het middagmaal. In grote zwartgeblakerde pannen wordt boven een open vuur sissend en rokend de kip en de inktvis gebraden voor de paella.

Het is een vrolijke boel: Spaanse muziek uit draagbare radio's vermengt zich met het gejoel van kinderen met vuilzwart haar, die verstoppertje spelen tussen de wijnranken. Af en toe worden ze tot kalmte gemaand door de mannen die, onder een boom gezeten, met ontbloot bovenlijf de krant lezen. Aan het einde van een lange dag, als de zon in een scharlakenrood opgloeiende hemel ondergaat, ruikt het er heerlijk naar warme goulash.

De vuurtjes gloeien nog na en de gordijntjes voor de verlichte vensters van de caravans zijn dichtgetrokken. Buiten, voor de gesloten caravandeuren, staan vele paren afgetrapte kinderschoenen, laarzen en slippers.

Dodo, de leider van de troupe, is een korte gedrongen man met een grote bos stoffig zwart haar, een ruige stoppelbaard en een vrolijke, maar oplettende oogopslag. Hij is getrouwd met een vrouw met een donzige zwarte snor en een figuur of ze een wijnton heeft ingeslikt. Evenals hun uitgebreide kinderschare doet ook madame Dodo actief mee aan de druivenpluk. Maar Dodo zelf zit ook niet stil, want bij elke oogst dat we zijn vrolijke troupe weer zien, hangt er een nieuwe baby aan madame Dodo's rokken.

Druivenplukken

Het is zeven uur 's ochtends en sluiers dunne ochtendmist zweven nog over de wijnvelden. Het is fris, maar het belooft een prachtige dag te worden. Volgens Dodo zal het 's middags zelfs te heet worden om te plukken. Aan deze laatste opmerking zou ik me later als een drenkeling vastklemmen...

De deuren van de chai staan wijdopen. David en z'n mannen zijn in hoge bordeauxrode rubberlaarzen de voorbereidselen aan het treffen voor de ontvangst en de verwerking van de vele karrenvrachten druiven die vandaag binnen zullen gaan denderen. Er worden slangen uitgerold en gereinigd, bakken met water en schoonmaakmiddel klaargezet, koppelingen vastgeklonken en ladders tegen de cuves geschroefd.

'J'ai besoin d'un Amouououour!' zingen de mannen uit volle borst mee met Johnnie Halliday uit de draagbare radio. Het gegalm van hun stemmen waaiert tussen de hoge roestvrijstalen vaten door de open deuren naar buiten.

De 'vendangeurs' staan opgesteld in twee rijen voor de chai. Vooraan de amateurs: Turf, Klaas en ik en een tiental Nederlandse vrienden. Daarachter de pro's: mannen, vrouwen en kinderen. Iedereen krijgt een 'secateur', een snoeischaar, en een rooie plastic emmer.

Dodo wijdt de amateurs kort en bondig in: 'Je werkt met z'n tweeën aan weerszijden van een rij. Maar 'Attention!' Op zoek naar onder de bladeren verstopte trossen, steken de vingers van je tegenplukker regelmatig aan jouw kant door het gebladerte. En een secateur, mesdames et messieurs, is gefabriceerd voor het doormiddenknippen van twijgen nog veel dikker dan een vinger!' Hij laat deze onheilspellende woorden een paar seconden dreigend in de lucht hangen en stapt naar voren: 'Donnez-moi votre doigt, monsieur Gort.' Hij pakt mijn uitgestoken wijsvinger en houdt er een even dikke wijntwijg naast.

'Dit, m'n beste plukkertjes, is dus niets voor een secateur.' Dan trekt hij zijn snoeischaar en... 'Schnack!!' Met een akelig knappend geluid knipt hij de houtige twijg vlak naast m'n vinger in twee stukken. Ik voel een rilling door m'n kruis gaan. Van onder zijn zwarte wenkbrauwen kijkt Dodo de troupe amateurs veelbetekenend aan: 'Attention mesdames et messieurs, si vous voulez jouer le piano. Menige vinger is pas in de wijnton weer teruggevonden!' Achter ons staan de pro's te grinniken, de kinderen rollen over elkaar van het lachen.

Mijn enige oogstervaring betrof het plukken van bosbessen in m'n prille jeugd. Maar die stak je met handenvol tegelijk in je mond zodat je, wanneer de struiken kaal waren, met paars gekleurde lippen en een ledig mandje huiswaarts keerde. Maar dit was het echte werk, dit was professioneel. Nou, kom maar op! Ik zat boordevol energie en kon nauwelijks wachten. Ik doe veel aan sport en ik voelde me in topconditie.

Dit varkentje zou ik wel eens even gaan wassen!

In de 'vignes' wijst Dodo me welke rij de mijne is. Papi is mijn tegenplukker. Hij draagt een groene tuinbroek met daarin een bol buikje en heeft een vrolijke zonverweerde kop met dikke grijze wenkbrauwen waaronder twee pientere kraaloogjes. Papi probeert me het verschil tussen Cabernet Sauvignon en Merlot uit te leggen. Hij houdt een Cabernetblad en een Merlotblad onder mijn neus en wijst me op de volgens hem levensgrote verschillen. Ik zie slechts twee volkomen identieke druivenbladeren, maar ik maak instemmende geluiden en knik braaf dat ik het begrijp. Ik trek een tros van de struik, neem er een flinke hap uit en proef de druiven. Ze smaken heerlijk zoet en sappig. In mijn ijver om het verschil dan in ieder geval te proeven, stop ik de ene tros na de andere in mijn mond. Maar helaas, ik proef eigenlijk geen verschil. Hoe twee druivenrassen met zulke nauwelijks waarneembare verschillen, toch zulke verschillende wijnen kunnen opleveren kan ik niet vatten.

Al pratend plukt de kwieke grijsaard in een tempo dat twee keer zo hoog ligt als het mijne, waardoor ik hem al snel uit het oog verlies. Dat wordt mede veroorzaakt door het feit dat ik het heel goed wil doen. De pro's laten alles wat niet helemaal jofel is zitten, maar ik knip ook omzichtig minitrosjes van maar drie of vier druiven af. Elke tros is een glas wijn, denk ik verheugd.

Als ik na een tijdje om me heen kijk, blijk ik mij geheel alleen tussen het gebladerte te bevinden terwijl de troupe al ver vooruit is. Ik verhoog m'n tempo en weet me, door roekeloos her en der trossen te veronachtzamen, weer bij hen te voegen.

Na ongeveer een uur kom ik tot de conclusie dat er in de evolutie van de mens iets grondig misgegaan moet zijn. Rechtop lopen is een schier onmogelijke opgave voor mij geworden. Mijn rug voelt aan of een iemand hem met een botte zaag doormidden aan het zagen is. Ik vraag me ernstig af waarom ik hier ooit aan begonnen ben. Ik begin een hekel te krijgen aan druiven. Bovendien, waarom moeten die stomme dingen zonodig ter hoogte van m'n knieschijven bungelen!? Waarom hangen ze niet gewoon op schouderhoogte!!? Langzaam dringt het alarmerende besef tot me door dat dit pas mijn eerste ochtend als druivenplukker is.

Ik heb nog drie weken te gaan!

Een paar zigeunerkinderen wat rijen voor me, plukken keetlellend rij na rij. Ik verzamel alle energie uit al mijn reserves, maar ik kan ze niet meer inhalen. Mijn arme rug!

De enige medeplukker op wie ik bij het ronden van een bocht stuit, is madame Dodo. Ze zit op de grond tegen een druivenstruik en heeft haar halfvolle plukemmer naast zich neergezet. In de lommerrijke afzondering van de wijnranken heeft ze een grote roomblanke borst tevoorschijn gehaald waaraan haar baby vredig ligt te lurken. Ze kijkt omhoog, zwaait met een ruk van haar hoofd haar lange zwarte haar naar achteren en lacht me bemoedigend toe:

'Bonnes vendanges, monsieur, het went wel...'

Hijgend van mijn snelle knipspurt krijg ik de troupe weer in het vizier. In de verte zie ik de professionele plukkers vrolijk uur na uur plukken, de kinderen hebben de grootste pret en bekogelen elkaar gierend van de lach met rotte druiventrossen.

Mijn Nederlandse vrienden zijn al behoorlijk verloederd, maar in de bladerzee herken ik ze toch goed: het zijn de degenen die om de tien minuten overeind staan en met hun hand hun pijnlijke rug masseren. De pro's zijn altijd een paar rijen verder dan wij en m'n inhaalpogingen heb ik inmiddels opgegeven.

We zijn om zes uur 's ochtends begonnen met hete koffie en verse croissants, nu loopt het tegen lunchtijd en ik heb zo'n honger dat ik een middelgrote bultrugwalvis integraal zou kunnen opeten. Telkens kijk op m'n horloge en ik tel de minuten. Na een eeuwigheid klinkt ver weg over de wijngaarden eindelijk het verlossende geklingel van de bel op het kasteel: Eten!!!! Ontspannen kletsend slentert de troupe de wijngaarden uit, de lege emmers over de schouder. De pro's naar hun caravans en wij naar het château.

Als ik, m'n geteisterde rug masserend, de kasteelpoort binnen kom strompelen, zijn David en z'n mannen al voorbereidingen aan het treffen voor de 'grillade'. In een overlangs doormidden gezaagd olievat vlamt een knetterend vuur van oude kromme druivenstokken.

Wij dekken de lange plukkerstafel onder de platanen. Borden, messen, vorken, wijnglazen, waterglazen, servetten. Iedereen snelt door elkaar en doet z'n ding. Klaas loopt naar de chai om een blad vol pastiskaraffen te vullen met verse rosé uit eigen vat. Even later staat de lange tafel vol met salades, radijsjes, 'Terrine de campagne', Pyreneese worsten, 'Rillette d'oie', zelfgemaakte olijfolie en manden vol warm stokbrood.

Dan gaan de 'sarments', de gesnoeide twijgen, op het vuur. In de winter worden die tijdens de snoei ter plekke in de wijngaarden verbrand, maar een deel wordt bewaard voor de grillade. Zoals Papi me onderwees: nooit Merlottwijgen voor vlees, maar altijd Cabernet want die blijven het langst nagloeien. Merlots zijn alleen geschikt om vis op te roosteren. Dat luistert zeer nauw.

Als de sarments in het olievat verbrand zijn tot een roodgloeiende 'braise', wordt het rooster volgelegd met malse entrecôtes, ingewreven met grofgemalen peper, knoflook en rozemarijn. Met een koel glas rosé in de hand drommen de vermoeide vendangeurs hongerig om het vuur. Watertandend snuif ik de verrukkelijke braadgeur op. Turf snijdt op een dikke versleten broodplank de rode uien die over de 'Entrecôtes vigneron' gestrooid worden. En dan is het zover! Hoogopgetaste schalen met dampende entrecôtes worden naar de tafel gedragen: 'Attaque!!'

De lunch was goddelijk, de rosé stroomde als welde zij uit de rotsen en de teamgeest en de vrolijkheid aan de lange tafel gaf me verse energie. Helaas was deze opleving maar van korte duur want nog geen uurtje later sloeg m'n nieuwe esprit om in een allesoverheersende vermoeidheid. Mijn oogleden werden zwaar en eigenlijk wilde ik het liefst heimelijk wegsluipen om stiekem onder een boom te gaan liggen slapen. Maar dat behoorde helaas niet tot de mogelijkheden. De aanblik van de nieuwbakken châteaueigenaar die met een bolle buik onder een boom ligt te ronken, zou de troupe niet aansporen tot optimale plukprestaties. Dus strompelden we na de lunch zo goed en zo kwaad als dat ging, weer terug naar onze strafexpeditie en plukten met de kracht der wanhoop nog twee uur door. Toen zat het er op.

Sinds mijn geboorte heb ik me niet meer zo kleverig gevoeld als toen. Ik was van top tot teen bedekt met zoet druivensap, ik kon geen druif meer zien en zeker niet eten. Nooit had mijn rug zo'n pijn gedaan.

Aan het einde van mijn eerste dag als druivenplukker waren mijn bebloede handen gevoelloos en moest de schaar uit m'n verstijfde vingers gebroken worden, m'n handen zaten vol open wonden en schrammen. Ik voelde me of ik de hoofdpersoon was in een vruchtbaarheidsrite van de Boeroeboeroestam in Papoea Nieuw-Guinea. Ik viel neer op het gras voor het kasteel en ik wilde nooit meer overeindkomen.

De tweede dag

Om zes uur 's ochtends wekt de kasteelbel me uit een diepe droomloze slaap. Ik heb het gevoel alsof er een kudde olifanten over me heen is gedenderd. Waar ben ik? Wie ben ik? Dan schiet de afschuwelijke waarheid naar het oppervlak: ik ben druivenplukker!

Beneden in de woonkeuken komen mijn medeslachtoffers de een na de ander half slapend de trap af stommelen. Gapend en met verdwaasde blik schuiven de gepijnigde vendangeurs aan de ontbijttafel. Turf dekt de tafel met borden en koffiekommen en ik maak een groot vuur in de open haard. De keukendeur gaat open en David, terug van de bakker, stapt de keuken in.

'Goodmorning, mates!' roept hij lachend en stort een grote zak warme croissants in de broodmand. Langzaam komen de gesprekken op gang en wanneer de grote potten dampend hete koffie op tafel komen zit de troupe alweer geanimeerd te kletsen en te lachen.

Een kwartier later trekken we er vol goede moed op uit, richting vignobles. Zodra ik buk om m'n eerste tros druiven van die dag te oogsten, vlamt een felle pijnscheut door m'n rug. 'Au, au, au!' Bukken zit er dus vandaag niet in... Dan probeer ik om door de knieën buigend wat trossen te verzamelen, maar ook dat leidt tot felle pijnscheuten en gevloek.

Ten einde raad besluit ik dan maar zittend te gaan plukken. Omzichtig als een breekbare grijsaard zet ik mij voor een wijnstruik op de grond en vang aan met mijn kniparbeid. Met m'n kont in de modder glijd ik van van struik naar struik. M'n rug blijft weliswaar gespaard, maar binnen de kortste keren zijn broek en onderbroek geheel doorweekt en trekken vocht en modder koud en nat op, richting edele delen. Als ik dan ook nog met een akelig flatsend geluid, met mijn zitvlak een dikke slijmerige wijngaardslak verpletter, geef ik ook het zittend plukken op.

In een uit lijfsbehoud geboren vlaag van inventiviteit, ben ik toen overgeschakeld op de stratenmakerstactiek. Uit een oude autoband sneed ik twee grote stukken rubber die ik met stukken touw om m'n knieën bond. Zo kon ik in alle rust neerknielen voor elke struik en hem vakkundig ontdoen van z'n druivenlast.

Niet snel, maar wel doeltreffend en vooral: zonder rugpijn.

Inmiddels was ik geen amateur meer. De wijnoogst had me ontmaagd. Nu wist ik hoe je de trossen moest vinden die onder de bladeren verstopt zaten, hoe je ze los moest knippen zonder de vingers van je buurman aan de andere kant te amputeren. Ik kende de handigste manier om de rotte en de onrijpe trossen er tussenuit te knippen.

Bovenal had ik goed gesnopen dat ik 's ochtends bij de vraag 'Wie is de 'hottist'?' zo achteloos mogelijk zwijgend de punten van m'n laarzen moest bestuderen. 'Pas moi.' Want de hottist is de man met de 'hotte', de grote bak op z'n rug waar meer dan vijftig kilo druiven in gaat. Deze oersterke vendangeur loopt rond met die loodzware hotte op z'n schouders en voor elke plukker die er weer een mandje bij komt storten moet hij even door de knieën en weer overeind. Om uiteindelijk de loodzware inhoud van de tot de rand gevulde hotte met een vloeiende zwaai in de laadbak van de aanhanger te kieperen. Een dodemanstaak, die wat mij betreft tot elke prijs vermeden diende te worden want elke spier in m'n lichaam deed pijn. Ook allerlei spieren waarvan ik nooit wist dat ik ze had.

Niettemin ging het deze tweede dag al een heel stuk beter dan de eerste. Dankzij mijn nieuwe pluktechniek haalde ik zelfs zonder al te vaak op m'n horloge te kijken de lunch.

In de schaduw van de platanen genieten we uitgebreid van de heerlijkheden die op tafel komen. Drie uur lang smullen, rosé drinken en onbezorgd lachen. Gode zij dank, hoeven we na de lunch niet meer te plukken.

Die middag hebben we chai-dienst. Voordat de druiven de cuves ingaan moeten ze op de lopende band gesorteerd worden. Steeltjes, blaadjes en rotte of onrijpe druifjes gaan er allemaal uit. Uren achtereen turen we op het witte oppervlak van de snel passerende lopende band naar ongerechtigheden. Als Turf ver na het einde van de dag de bel voor de avondmaaltijd luidt, zie ik als ik m'n ogen sluit, duizenden druiven voorbij dansen.

Doornat en bedekt met een kleverige laag sap komen we 's avonds om half negen de kasteelkeuken binnenstrompelen. In de haard brandt een behaaglijk vuur en de lange tafel is gedekt.

Midden op tafel tussen de kandelaars staat een grote schaal vol stukken gebraden everzwijn, zelf geschoten door Paul, en een dampende Casserolle Creuzet met gebakken aardappels, 'cèpes', uien, knoflook, rozemarijn en zwarte truffels. Buiten is het inmiddels donker, maar binnen is het behaaglijk en gezellig. De kaarsen verlichten blozende plukkersgezichten, iedereen is opgetogen over de maaltijd en over z'n ervaringen.

Het eerste glas rode Bordeaux maakt een trage koprol in mijn slokdarm en laat direct mijn wangen gloeien. Het tweede glas schiet regelrecht m'n knieën in. Een uurtje later bij het plateau de fromages voel ik mijn hoofd zwaar worden. M'n ogen vullen zich met zand. Geeuwend bedank ik iedereen en met een reeks gapende 'Bonne nuits' weet ik mijn bed te bereiken. Ik laat me voorover op de dekens vallen en met m'n kleren aan val ik in slaap. Met het vaste voornemen om nooit meer wakker te worden.

De roze straal

De oogst is in volle gang. Hoog opgetaste karren met volle druivenmanden denderen af en aan de wijnkelder binnen. De manden worden geleegd in onze spiksplinternieuwe ontsteelmachine. Als een massa dansende paarse kogels rollen de druiven over de lopende band naar boven, helemaal naar de top van de hoge, fonkelnieuwe roestvrijstalen cuves. Heel even is er een stilte voor de storm, dan valt de eerst druivenvracht van het oogstjaar met een donderend geraas in de lege cuve.

'Kedeng...deng...deng!!!' galmt het door de chai. Een magisch moment, die eerste donderslag: het begin van een oogstdag, het einde van een oogstjaar. De wijngaard wordt eindelijk ontdaan van z'n druiven. Een hele zorg minder.

Vele druivenmanden later is er weer een cuve vol. Met gescherpte vaardigheid heb ik mij aan mijn taak gezet. Met een bordeauxrode hooivork moet ik de steeltjes uit de ontsteelmachine in een oude houten kar scheppen. Na een paar uur druivenstelenscheppen ben ik van top tot teen bedekt met zoet druivensap. Alles kleeft. De lucht in de kelder raakt doortrokken van een zware, maar heerlijke wijngeur. Het gaat goed: de grote tienduizend-liter-cuve is al tot de nok gevuld.

Opeens zie ik hoe David doodleuk de kraan aan de onderkant van deze zojuist afgesloten cuve opendraait. Een dikke straal roze druivensap spettert schuimend de goot in.

'Wat doe je nou!?' schreeuw ik verbijsterd. 'Doe dicht!!'

'No worries, mate,' lacht hij, 'I'm just bleeding…'

Stomverbaasd zie ik hoe tientallen liters kostelijke wijn het riool in lopen. David legt uit dat dit 'saigner' heet, laten bloeden. Door het eerste sap te laten weglopen, wordt de resterende wijn geconcentreerder. In een opwelling stap ik naar voren en steek m'n hoofd onder die spetterende roze straal. Tientallen liters verse rosé schuimen over m'n kop! Een héérlijk dronkenmakende sensatie: zoet sap spat in m'n mond, in m'n oren en in m'n ogen. Het is liefde op het eerste gevoel. Hoestend en proestend spring ik onder de roséstraal vandaan en draai de kraan dicht.

'Dit gaat 'm worden!' schreeuw ik naar David. 'We gaan rosé maken!' Hij lacht en steekt z'n duim omhoog.

Aanvankelijk word ik met een scheef oog aangekeken: rosé wordt hier in de streek over het algemeen beschouwd als een afvalproduct. Als ik Paul vertel dat ik van dit afdrijfsap ons hoofdproduct wil gaan maken, moet hij z'n uiterste best doen om z'n verbijstering te bedwingen. Je hoorde 'm denken: 'Les Hollandais, ils sont fous…' Maar ik moest en ik zou rosé maken. En niet zomaar rosé, nee, ik was roséverliefd en ik wilde de lekkerste rosé ter wereld maken!

Ter plekke besluiten we om onze druiven flink te laten bloeden: van de totale oogst van veertigduizend liter, gaan we maar liefst twintigduizend liter rosé maken! Zo zullen we twee vliegen in een klap slaan: het sap voor de rode wijn zal meer concentratie en meer smaak krijgen en wij kunnen iets nieuws op de Nederlandse markt brengen: rosé!

Rosé werd al jaren nauwelijks meer gedronken, maar ik was ervan overtuigd dat we met deze verrukkelijke zachtroze wijn een smash hit in handen hadden.

Het is bovendien een bijzondere rosé. Bijzonder, omdat rosé in de Bordeaux nauwelijks gemaakt wordt, en áls het al gemaakt wordt, is het meestal de Cabernet Sauvignon die daarvoor wordt aangewend.

Maar voor ónze rosé kiezen we, vanwege z'n zachte romige smaak, voor de Merlot. Aldus wordt besloten: de Merlotmost bewaren we voor de rosé, de rest is voor de rode wijn.

November 1994. De oogst zit erop. Het is herfst, iedereen is naar huis. We zijn weer helemaal alleen in het plotseling wel erg stille wijnkasteel. Onder een loodgrijze wolkenhemel waaieren regenslierten mistroostig over de kaalgeplukte wijngaarden. Onze cuves zitten weliswaar tjokvol, maar niet met hetgeen we verwacht hadden.

Het 'bloeden' heeft ons weliswaar een voortreffelijke rosé opgeleverd en daarmee de kwaliteit van de rode wijn enigszins verhoogd, maar we zijn nog steeds in het zorgwekkende bezit van twintigduizend liter druivensap van twijfelachtige kwaliteit.

Onze eerste oogst zat niet mee: het aantal millibar regen was dusdanig exorbitant, dat het oogstjaar 1994 de boeken in ging als 'De ramp van het decennium'. Door wijnboeren wel omschreven als 'L'année du pisse', het zeikjaar. How lucky can you get. Kopen wij eens een wijnkasteel.

Tot overmaat van ramp zijn de centjes op. Voor dure eikenhouten vaten hebben we geen geld meer. En die vaten zijn hard nodig. De most waarmee onze cuves nu gevuld zijn, zal ons op z'n best een zeer matige rode wijn gaan opleveren. Een dunnig, enigszins zuur product met weinig fruit en nauwelijks body. Maar een flinke dosis eikenhout zou de smaakpapillen wellicht op een dwaalspoor kunnen brengen. Zou daar, bij ontstentenis van echte eikenhouten vaten, iets voor te koop zijn? Een flesje of een potje van een of ander 'produit'? Nou en of! Zo leerde enig speurwerk; er is van alles: eikenhouten planken om in de cuves te dompelen, je kunt er ook zakken eikenhoutsnippers in hangen, er zijn zelfs zakjes eikenhoutpoeder: voeg de inhoud van een zakje toe aan een vat wijn, éven roeren, en klaar is uw Grand Cru. Alleen, dat mág allemaal niet!

Aan alle kanten ingeperkt door fijnmazige regelgeving moeten de Franse wijnboeren lijdzaam toezien hoe goedkope wijnen uit de nieuwe wereld een positie innemen die zij jarenlang als vanzelfsprekend als de hunne beschouwden. In Australië, Chili en

Zuid-Afrika wordt het als een uitdaging gezien om een wijn te maken die de consument onmiddellijk bevalt en die hij eventueel dezelfde dag nog kan opdrinken. Geholpen door een warmer klimaat en de inzet van hoogwaardige technologie slagen de nieuwe wijnlanden daar wonderwel in. Ongehinderd door regelgeving, tradities en eeuwenoude wetten die het wijnmaken in Frankrijk zo bemoeilijken. Zo is het in de nieuwe wereld toegestaan om wijnstokken bij droogte van water te voorzien. Iets wat in Frankrijk vrijwel overal ten strengste verboden is.

Dan is er het houtbeding. Een Franse wijnboer moet elk jaar opnieuw peperdure eikenhouten vaten kopen. Zijn collega uit de nieuwe wereld daarentegen voegt doodleuk wat houtsnippers toe aan de inhoud van een roestvrijstalen tank die honderd jaar meegaat. Tel uit je winst.

Het is dus niet verwonderlijk dat de Franse wijnproducenten zuchten onder de druk van de buitenlandse concurrentie, die hen noopt met miljoenenverslindende publiciteitscampagnes te proberen hun wijn aan de man te brengen. Maar helaas is zelfs de kwaliteit van die campagnes nog aanleiding tot veel gemopper, want ook hier lijken de Fransen zich niet te kunnen ontworstelen aan hun ingesleten tradities. Hetgeen leidt tot ongemeen oubollige campagnes die, buiten de makers, door vrijwel niemand opgemerkt lijken te worden.

Nochtans zaten wij opgescheept met een kleine binnenzee aan rode wijn van een kwaliteit die ik zelfs mijn beste vijanden niet durfde voor te zetten. En wat zou die wijn opknappen van een lagering op kundig geduigde vaten van nieuw Frans eikenhout!

Wijn componeren

Drie maanden na de oogst staan we met Paul en David in de cuverie. Vol spanning houden we een beduimeld proefglaasje met een afgebroken pootje onder de aftapkraan van een cuve met tienduizend liter van onze eerste zelf gevinifieerde rosé. Omzichtig draait Paul de kraan open en het glaasje schuimt vol. De kleur is veelbelovend: sprankelend roze en precies goed: niet te licht en niet te donker. Hmmm, ’ns even ruiken: Wow!! De neus is zo mogelijk nog beter: dat ruikt naar verse aardbeitjes en jonge kersjes.

Dan brengen we het glas voorzichtig naar de mond en proeven delicaat een eerste slokje. Yessss! Een voltreffer! Deze rosé is helemaal tóp: fruitig en fris met een soepele, stevige structuur en een heerlijke volle smaak. Échte wijn, met alle kenmerken van een mooie volle Bordeauxrosé.

Hubrecht Duijker schreef ons later spontaan een enthousiaste kaart: 'Dit is rosé, zoals rosé hoort te smaken!' Die kaart hangt nog steeds ingelijst boven m'n bureau.

Dezelfde dag bellen we de bottelarij en twee weken later komt er een volledig geëquipeerde mobiele bottelinglijn voorrijden. In twee dagen worden twintigduizend flessen gebotteld en 's avonds zit al onze rosé veilig in de fles.

We besluiten alles op alles te zetten om uit de resterende most een goede rode wijn te vinifiëren. Bijna een jaar lang laten we de wijn rijpen. De verschillende kwaliteiten en druivensoorten bewaren we in aparte gistingstanks. Halverwege het jaar hebben we de bodem uit ons spaarvarkentje geschraapt en van onze laatste spaarcentjes twintig nieuwe eikenhouten vaten aangeschaft. Daar rijpen onze allerbeste wijnen in.

David controleert alle vaten dagelijks. Regelmatig neemt hij monsters waarmee hij naar het laboratorium in Libourne rijdt. Aan de hand van de analyses wordt de wijn overgepompt, geschoond en weer teruggepompt.

Vandaag is, na een jaar van kommer en zorg, het grote moment aangebroken: de 'assemblage'. David, Paul en ik nemen uit alle cuves een proeffles mee naar een hoekje van de chai dat wij liefkozend het 'labo' noemen; een kleine betegelde ruimte met een gebarsten gootsteentje, een rek met proefglaasjes en een set vooroorlogse reageerbuizen. Hier zullen wij, door verschillende combinaties uit de cuves te mengen, onze 'Premier vin 1994' gaan assembleren!

Alvorens te beginnen check ik mijn proefnotities van de cuves die we voor deze assemblage tot onze beschikking hebben: Cuve 01: 'Dun en schraal'. Cuve 03: 'Zurig, geen body'. Cuve 04: 'Redelijk fruit, stinkneus'. Cuve 05: 'Onverwacht goed, in de gaten houden!'

Cuve 07: 'Pis'. De rest, ongeveer vijfduizend liter, is de wijn die we hebben laten rusten op nieuwe eikenhouten vaten.

Al met al niet bepaald de componenten om, zoals wij ons tot ambitie hadden gesteld, 'de beste wijn van Bordeaux' uit te componeren. Gesterkt door de blijmoedigheid van mijn twee goedgemutste sidekicks zet ik mijn bekommernis opzij. Ik recht mijn rug en vol goede moed gaan we aan de slag: een puntje cuve 01, in combinatie met eenderde 04, en een kwart 07. Proeven: Gadver! Weg ermee! Overnieuw. Een halfje 03, met twee drupjes 05 en een bodempje eiken. Nééé, drie keer nix! Volgende.

De ene slok na de andere wordt met krachtige stralen richting spuugbak gespogen. En zo gingen zij onverdroten door tot de schemering viel. Aan het eind van een lange middag mengen, proeven, kauwen, slurpen, gorgelen en uitspugen hebben we volgens Paul en David beet. Ik proef het inmiddels niet meer. Mijn tong voelt aan of ie anderhalve meter lang is en er een vrachtwagen met locomotiefonderdelen overheen is gereden. Moegestreden gooien we de kurkentrekker in de ring, morgenochtend gaan we er weer met frisse smaakpapillen tegenaan.

'Gadverdamme!' Verschrikt spuug ik een brede rode straal uit, die spetterend precies naast de 'crachoir' belandt. 'Meubelbeits' is nog de meest complimenteuze associatie die bij me opkomt. Zuchtend hervatten we onze assemblageslag. Weer passeren talloze combinaties de revue, maar er is niets waar ik blij van word. Als er zoveel gerocheld en gespuugd is dat het labo eruitziet alsof er zojuist een tegenspartelend varken is geslacht, staan er drie kanshebbers op het aanrecht: alle drie niet te hachelen.

In volgorde van opkomst: 1. Meubelbeits. 2. Afwaswater. 3. Uilenzeik. David en Paul kiezen unaniem voor de meubelbeits. Ik betoog dat de wijn te weinig structuur heeft om de strijd met het aroma van de nieuwe eikenhouten vaten aan te gaan waardoor het druivennat smartelijk het onderspit heeft gedolven. Wat nu rest is het beste te omschrijven als eikenwater. Mijn tegenwerpingen worden echter niet aux sérieux genomen.

Het wordt de meubelbeits.

'La Musique,' zeg ik. 'Potion Magique!' roept Klaas, opkijkend uit een Astérix.

'La Tulipe,' zegt Turf. 'We hebben 'm,' zeg ik.

Doodzenuwachtig ijsbeer ik een dag later door ons kantoor in Maartensdijk. Ik moet Albert Heijn bellen. Ik moet een afspraak zien te maken met de belangrijkste persoon ter wereld: degene die bij Albert Heijn de wijn inkoopt. Aan hem willen we onze rosé 'La Tulipe' verkopen. Dat wordt natuurlijk niks. Zo iemand wordt de hele godganselijke dag sufgebeld door allerlei minkukels die 'm wijn willen aansmeren. Die zit niet op een stuntelende wijndilettant te wachten.

'Nou, kom op nou!' schud ik mijzelf door elkaar. 'Niet zeiken. Just Do It!' Ik verzamel al m'n krachten, recht m'n rug en pak de telefoon. Via list en achterklap heb ik de hand weten te leggen op een doorkiesnummer. Aan de andere kant gaat de telefoon over. Opeens krijg ik faalangst: 'Kijk uit! Dit kun je maar één keer goed doen. Of fout! Het is nu of nooit! Help! M'n bioritme staat niet goed, ik weet 't zeker: ik ga dit verknallen!!'

Snel verbreek ik de verbinding en hijgend van de zenuwen plof ik m'n stoel. Oef, dat was op het nippertje...! Opgelucht ga ik aan m'n gewone werk. Morgen nog maar 'ns proberen.

Deze scène herhaalde zich nog enige malen tot ik op een woensdagmorgen in een vlaag van roekeloze zelfoverschatting de verbinding een keer NIET verbrak. Die ochtend had ik me middels een uren durende mindtraining voorbereid op de confrontatie met een spijkerharde bullebijter onder wiens meedogenloze onderhandelingstactieken ik als een pudding ineen zou zijgen om binnen de kortste keren sidderend akkoord te gaan met een aankoopprijs die pas ver achter de komma begon.

Bevend van spanning luister ik hoe de telefoon aan de andere kant overgaat. Dan wordt er opgenomen door een buitengewoon attente heer, die direct akkoord gaat met de door mij gesuggereerde prijs en op vriendelijke doch besliste wijze onze gehele voorraad afneemt. Binnen één minuut is alles verkocht. Nu nog kijk ik wel 'ns omhoog naar de vakbekwame wijze waarop het gat gerepareerd is dat ik die dag door het dak sprong.

Jagers

Vanaf het krieken van de ochtend al hoorden we geweerschoten van een zwaar kaliber. 'Het lijkt Bosnië wel,' zei ik nog grappend tegen Turf. Maar grappig was het allang niet meer. We zijn ons angstig goed bewust van onze machteloze positie.

Na de Franse revolutie is er een wet aangenomen waarin de jacht, eerst voorbehouden aan de adel, aan iedereen werd toegestaan. Jan en alleman mag overal jagen. Deze krankzinnige wet is in Frankrijk nog altijd van kracht. Met het gevolg dat elke idioot in andermans achtertuin zijn dubbelloops jachtgeweer kan gaan staan leegknallen. En dat overkwam ons.

In de prille vroegte van een mooie zondagochtend hadden twee jagers ons park tot hun jachtgebied verklaard. Ze schoten zo veel en zo vaak dat het leek of ze het op ons persoonlijk hadden gemunt. Een beangstigende gedachte waar een gemiddeld zondagochtendontbijt niet van opknapt. De geweerschoten, die eerst nog in de verte hadden geklonken, kwamen steeds dichterbij. We zaten rond de keukentafel aan een vredig ontbijt met koffie en croissants. Op het moment dat ik m'n hand uitstak om een kom chocolademelk voor Klaas in te schenken, sloeg er met een harde knal een ster in het raam. Direct daarop nog een. We hoorden de hagelkogeltjes over de dakpannen naar beneden ratelen.

Ik ren naar buiten, Turf pakt Klaas op, zet hem in zijn hoekje, sommeert hem dwingend om te blijven zitten en holt mij achterna. Vol akelige voorgevoelens ren ik door het park. Dan, nog geen honderd meter van ons huis, ontdekken we twee vreemde kerels in morsige legerkleding. Met afgebroken takken hebben ze zichzelf een soort jachthut gebouwd in onze meidoornstruiken. De ene heeft een ongeschoren muizengezicht met rotte bruine tanden en een grote paars glanzende bult midden op zijn voorhoofd. Over zijn borst hangt een bandelier gevuld met hagelpatronen. De ander heeft een vlekkerig, roodaangelopen gezicht met een sullige grijns om de weke lippen. Zijn camouflagehemd spant over zijn veel te dikke buik. Uit z'n broekzak steekt een literfles supermarktcognac. Halfbezopen hangt hij op een uitklapkrukje half verscholen in de struiken. Ze hebben allebei een zwaar kaliber dubbelloops jachtgeweer in de aanslag.

Ik probeer mijn stem een gelijkmatige klank te geven: 'Bonjour, messieurs,' zeg ik schor. 'Heeft u toestemming om hier te jagen?'

De dunne kijkt me verachtelijk aan, rochelt vanachter uit zijn keel en spuugt een dikke klodder voor mijn voeten op de grond. Dan wendt hij zijn blik af, naar de heuvels aan de overkant en doet of wij niet bestaan. De dikke blikt vanuit het struikgewas met lodderige varkensoogjes naar ons op en laat zijn geweer iets zakken. Met een minachtend gesnuif trekt hij een verfomfaaid papier uit zijn borstzak en steekt het ons door het gebladerte toe: 'Permis de chasse' staat er boven. Met lood in de schoenen controleer ik de afgiftedatum.

Ik weet dat ik machteloos sta en koortsachtig zoek ik naar woorden. Wat kan ik zeggen? Welke argumenten kan ik aanvoeren om deze gekken op een redelijke manier zo ver te krijgen dat ze ons terrein verlaten? Dan wordt mijn oog getroffen door iets dat tot dan toe aan mijn aandacht is ontsnapt. Tussen de rubberlaarzen van de dikke jager ligt een trieste rij aan flarden geschoten koolmeesjes. Keurig achter elkaar, als jachttrofeeën. De geel met zwarte veertjes verklonterd in geronnen bloed. Turf volgt mijn blik en ik voel haar woede exploderen. Haar ogen sperren zich wijdopen en ze slaat de dikke jager met haar vlakke hand kletsend midden in zijn gezicht. Met een van razernij overslaande stem schreeuwt ze in het Nederlands: 'Klootzakkeeeeeen! Oprotteeeeen!'

De man valt door de klap achterover in de struiken met zijn benen in de lucht. Zijn gabber schrikt zich te pletter en vlucht met wapperende jaspanden het park uit. De dikke bedekt zijn gezicht tegen de regen van slagen en schoppen die de uitzinnige Turf hem toedient.

'Oprotteeeeeeen!!' Dan slaagt hij erin overeind te krabbelen. Hijgend van angst graait hij over de grond naar zijn gevallen geweer en draaft zo snel als hij kan zijn makker achterna. Trillend van woede lopen we naar huis. 'Dit moet stoppen,' grom ik tussen mijn tanden.

'Dit moet absoluut stoppen...'

En het stopte. Want tegen de wet kun je je weliswaar niet verzetten, maar je kunt hem wel een beetje buigen, zoals later zou blijken.

In Frankrijk draait niet alles, maar wel heel veel om relaties. Hoe hoger hoe beter. Bij een drukker in Libourne lieten we briefpapier drukken van het duurste soort tweehonderdtachtiggrams handgeschept houtvrij papier. Ik ontwierp een zelfverzonnen wapen met heraldisch brullende leeuwen waarboven in dik reliëf een gouden koningskroon en in dikke gouden krulletters de naam van ons château. Het resultaat was van een machtige indrukwekkendheid. Als zo'n brief op je mat ploft, word je toch even stil.

Turf heeft een grootmoeder die van adel is. Zij is reeds lang overleden, maar voor deze gelegenheid wekten wij haar tot leven: Jonkvrouwe Lochmann von Königsfeldt. Op ons koninklijke briefpapier schreven we uit haar naam verzoekschriften om vrijstelling van de jacht op ons terrein. Naar het Nederlandse consulaat, naar de Mairie van ons dorpje, en verder naar iedere instantie die maar in de verste verte iets met het toekennen van jachtvergunningen van doen zou kunnen hebben. In de text haalde ik er alles bij wat ik maar verzinnen kon: onze innige relatie met het Koninkrijk der Nederlanden, de Frans/Nederlandse handelsbetrekkingen, onze wijnleveranties aan de Nederlandse ambassade in Parijs, en onze liefde voor dakloze dieren. Met krassende ganzenveer ondertekenden we alle brieven namens wijlen onze grootmoeder: Hoogachtend, Jonkvrouwe Lochmann von Königsfeldt. Want in de liefde en in de oorlog is alles geoorloofd. En dit was zowel liefde als oorlog. We waren woedend en het bedreigde ons bestaan.

En godezijdank is het gelukt. Drie maanden later werd ons terrein tot 'Réserve du chasse et de faune sauvage' verklaard. Een algeheel jachtverbod. En het aardige is, aangemoedigd door onze actie sloten steeds meer dorpelingen zich bij ons aan. Inmiddels is ons hele dorp jachtvrij. Er wordt geen schot meer gelost en door onze wijngaarden en ons park huppelen blije konijnen, relaxte reeën en juichende hazen.

Parker

Robert Parker is de belangrijkste wijnjournalist van Amerika. Hij is dat geworden doordat hij een puntensysteem van nul tot honderd introduceerde; daarmee een eind makend aan alle vage prietpraat over wijn. Niet meer 'een aroma van bosviooltjes' of 'een lang natalmende afdronk van getaande zeilen'. Nee, gewoon keiharde cijfers. Daar kunnen Amerikanen wat mee. Negentig punten? Dan moet het goed zijn. Doe maar 'n doos.

Nooit had Robert kunnen bevroeden dat hij met zoiets simpels als een puntensysteem zo'n invloed zou krijgen. Want inmiddels is Parker de belangrijkste wijnjournalist 'on the planet'. In Amerika is hij de norm. Zijn proefnotities worden strikt geheimgehouden tot het moment dat ze officieel worden vrijgeven. Want als Robert Parker een wijn een hoge notering geeft, verdubbelt de prijs. Het verhaal gaat dat hij tijdens een van zijn monsterproeverijen (hij proeft soms zeshonderd wijnen op een dag) per ongeluk een proefnotie op de vloer liet vallen. Een slimmerik raapte die snel op en faxte 'm naar Amerika. De bestellingen vlogen binnen bij dat bewuste château. Sindsdien schrijft Parker z'n proefnotities op een speciaal soort papier dat niet te faxen is.

Op de openingsdag van de Vinexpo 1997, de belangrijkste wijnbeurs, bleef op de aeroport van Bordeaux een zojuist gelande Boeing 727 van Air France alvorens naar de uitgangsslurf te taxiën, veel langer wachten dan gebruikelijk. Aan boord een groot aantal belangrijke château-eigenaren en andere wijnbobo's. Het wachten duurde lang. Men werd ongeduldig, er werd gemopperd, er werd boos naar voren geroepen, maar niets hielp. Na een halfuur gaat er een deur achterin het toestel open en er wordt een man naar buiten geholpen, die vanaf de landingsbaan direct wordt opgehaald door een limo. Meldt de captain door de intercom: 'Ladies and gentlemen, we are sorry to have kept you waiting but Mr. Parker had to leave the plane early, because he has an important meeting to attend to.' Gék werden ze daar in die plane. Parker wordt sowieso al diep gehaat omdat hij zoveel macht heeft, en dan hebben ze dankzij hem ook nog 'ns een uur vertraging opgelopen! Anderzijds willen de château-eigenaren natuurlijk wel weer graag dat Parker hen een hoge rating geeft. Gehaat en geliefd. Met name in Frankrijk wordt er al jarenlang verwoed aan de poten van zijn troon gezaagd, maar nog immer is hij de machtigste wijnjournalist 'on the planet'.

'Mr. Robert Parker will attend to our winetasting the 9th of February. Please be so kind as to send us three bottles of your vintage 1994' stond er boven een brief van William J. Blatch.

Bill, voor vrienden, is een Engelse 'négociant'. Zijn wijnexportfirma Vintex is gevestigd in een deftige wijk in Bordeaux. Daar hadden we Bill tijdens een wijnproeverij ontmoet. Toen we hem vertelden over onze ambitieuze plannen met de wijn van Château de la Garde had hij me beloofd 'ns te kijken of hij misschien een koper wist voor onze tamelijk desastreuze oogst '94.

Prompt krijgen we zomaar een uitnodiging voor een proeverij van Robert Parker! Maar wat eeuwig zonde! Ik kan me de haren wel uit m'n kop trekken. Zo dieptriest: mogen we deelnemen aan een Parkerproeverij, hebben we geen wijn om in te sturen! Want met dat povere bocht van ons hoeven we natuurlijk niet aan te komen…

Ik ben een Franse wijnboer

Jongensdromen gaan niet stuk. De mijne is zelfs uitgekomen: ik ben een Franse wijnboer. De dag is nog jong, het is stralend weer en de vogels begroeten me met uitbundige trillers. In mijn versleten pantalon bleu met m'n alpinopet op kuier ik op m'n dooie akkertje in de prille ochtendzon over m'n eigen château-weggetje naar het bakkertje. Franser dan de Fransen. Hmmmm, héérlijk. Dit is pas leven! Warme croissants, vers krantje…

Maar helaas. Bij het passeren van de chai word ik elke dag opnieuw op pijnlijke wijze met m'n neus op de feiten gedrukt door een somber stemmende muur van twintigduizend onverkochte flessen Château de la Garde '94. Een neerdrukkend beeld dat mij, in weerwil van mijn kortelings verworven status als volledig ontspannen wijnboer, het leven behoorlijk zuur maakt.

'Probeer nou nog 'ns een fles,' oppert Turf tijdens de lunch. 'We hebben 'm alweer een tijd niet geproefd en die wijn zit nu toch al weer een jaar op fles, je weet maar nooit…'

Mismoedig haal ik m'n schouders op: 'Moet ik de belangrijkste wijnjournalist ter wereld dan soms zo'n fles meubelbeits opsturen! Dan kunnen we het helemaal wel shaken. Weet je wat: ik zal er een kaartje bij doen: 'met de groeten van Ceta Bever…'

Turf schiet in de lach: 'Probéér nou gewoon. Nee héb je!' 'Oké,' zucht ik. 'In ieder geval weer eentje minder…' denk ik besmuikt, als ik zonder veel hoop een fles opentrek. Het twintigduizend flessen tellende blok aan mijn been begint mijn nachtrust lelijk in de wielen te rijden. Somber schenk ik twee glaasjes in. In een fatalistisch gebaar heffen we het glas en nemen een droeve slok.

Van verbazing verslik ik me bijna in m'n eigen wijn: dit is heerlijk!! De hand Gods heeft zich over ons geschulpt en een hemels mirakel heeft zich voltrokken!! De voormalig stinkneus is veranderd in een bloemrijk bouquet, de knoertharde tannines zijn zacht en rond geworden en de prominente eikenhoutsmaak is goeddeels verdwenen en heeft zich evenwichtig vermengd met het fruit. Wat is hier gebeurd!?

Die avond geven David en Paul ons wijze lessen over flesrijping, afbraakmoleculen en het verschil tussen gefilterde en ongefilterde wijnen. Ik ben trots op mijn mannen en erg blij dat ik, in weerwil van mijn eigen voorkeur, tijdens de assemblage hun keuze heb gevolgd. Ik laat de champagne knallen en Turf kookt de sterren van de hemel voor ze.

De volgende dag rijden we naar de Parkerproeverij in Bordeaux. In de kofferbak liggen drie stevig verpakte monsterflessen Château de la Garde 1994.

Hulp

'Ik geloof dat ik er een gevonden heb,' kwam Paul op een dag de keuken binnen. 'Un tractoriste!'

Hij draaide zich om naar de zelfvoldane, enigszins gezette dertiger in zijn kielzog. Bertrand had zachte bruine hondenogen, een enigszins pafferige huid en een ietwat vertraagde manier van doen. Met zijn vrouw en drie kinderen woonde hij in Fronsac, een wijndorpje verderop. Hij wilde graag bij ons komen werken. Op het ogenblik bekleedde hij in een restaurant in Bordeaux nog de positie van 'Maître Fromagier', zoals hij zijn vermoedelijke functie als bordenwasser omschreef. Maar veel liever zou hij in de vrije natuur werken. Daarenboven was hij gek van wijn. Later bleek dat het voornamelijk de inname ervan betrof, maar dat wisten wij toen nog niet.

Een van de dingen die mij in Frankrijk nog altijd in hoge mate intrigeren is het daadwerkelijke bestaan van iets wat in Nederland zo goed als uitgestorven is: hiërarchie.

Op een lome herfstnamiddag proberen Paul en ik de precieze ligging van een waterleiding te traceren, als onze nieuwe employé Bertrand de fout maakt toevallig de hoek om te komen.

'Bertrand, kun jij hier even een gat graven!' sommeert Paul. En dan onstaat de situatie dat Bertrand, tot zijn knieën in de kuil, zich in het zweet staat te graven terwijl Paul en ik daar ontspannen naar staan te kijken. Onze luchtige conversatie af en toe onderbrekend om Bertrand aanwijzingen te geven: 'Iets meer naar links' of 'Doe maar iets dieper' en 'Een beetje recht afsteken graag!'

Dan rondt opeens Jean, het stuntelige hulpje van een van de plukkers, de hoek. Met een verrassend soepele beweging springt Bertrand uit de kuil en overhandigt resoluut de schep aan Jean.

'Graaf jij even die kuil, Jean' beveelt hij met gezaghebbende achteloosheid, om zich vervolgens direct bij ons te voegen. Terwijl Jean zich met zichtbare tegenzin aan de arbeid zet, mengt Bertrand zich gretig in de conversatie en neemt meteen de gelegenheid te baat het gesprek op zijn favoriete onderwerp te brengen: de aanschaf van een nieuwe tractor met stoelvering en airconditioning.

Af en toe onderbreekt hij zijn betoog en roept over zijn schouder instructies naar Jean: 'Dieper' en 'Recht afsteken!' Jean graaft gemelijk door. Af en toe loert hij hoopvol naar de hoek, maar iedereen is al naar huis.

'Oh, monsieur Gort,' komt Bertrand daags later bij me. 'Ik weet niet of u het weet, maar het werk hier is werkelijk veel te veel voor één man.' Om de graad van onmenselijke uitputting waaraan hij ten prooi is extra reliëf te geven, slaat hij met een vermoeide zucht zijn ogen ten hemel en grijpt met een pijnlijk verwrongen gezicht naar zijn rug. 'Ik kom gewoon niet toe aan de dingen die ik zou willen doen voor u, om de kwaliteit van onze wijn te verbeteren.' voegt hij er slim aan toe. Dan haalt hij een verfrommeld formulier uit een van de zakken van zijn parachutebroek. 'Bij de wijnuniversiteit van Bordeaux kunnen we een stagiaire aanvragen, die zou ik kunnen leren mijn werk te doen. Dan heb ik wat meer tijd om me bezig te houden met de langetermijnstructuur.' Ik beloof er over na te denken en hoopvol tijgt Bertrand weer aan de arbeid.

De lange rechte rijen wijnstruiken op een glooiend terrein maken het onmogelijk te zien wat zich ertussen bevindt. Zodra iemand tien stappen de wijngaard in doet is hij totaal uit het zicht. Tenzij je precies recht voor die ene rij uit duizenden staat, anders vind je hem nooit. Vooral Bertrand waren we erg vaak kwijt. Soms zagen we de rechtopstaande uitlaat van z'n tractor rokend boven de golvende groene bladerzee uitsteken. Maar was ik dan eindelijk hijgend ter plekke, dan was hij alweer spoorloos. Over het algemeen hadden we geen idee wat onze nieuwe werknemer in zijn schild voerde. Lunchen evenwel, deed hij altijd uitgebreid en langdurig. Vaak ook in een restaurant.

'Het lijkt wel of Bertrand steeds dikker wordt,' zei ik eens peinzend tegen Turf, 'terwijl hij toch de hele dag lichamelijk in touw is...'

Toen ik eens na uren zoeken waar onze werknemer zich nu toch weer zou kunnen ophouden, de deur van een oude schuur openduwde, trof ik daar tot mijn stomme verbazing een compleet tweepersoonsbed aan. Met kussens en dekens en al. Een stapel beduimelde tijdschriften op een omgekeerde kist wees op frequent en intensief gebruik van deze schuilplaats. Dus hier bracht onze tractorist zijn dagen door!

Na overleg met Paul besloten we het dienstverband met Bertrand niet voort te zetten. Maar in Frankrijk iemand ontslaan is verre van eenvoudig. Men moet zich daartoe door een nimmer eindigende stapel uitklapformulieren bulldozeren, waarvan men er na voltooiing altijd minimaal één verkeerd ingevuld blijkt te hebben, zodat er weer van voren af aan kan worden begonnen. Dit was duidelijk te hoog gegrepen voor mij. Het was zelfs de administratieve 'diehard' Paul te veel. Er was geen ontkomen aan, ik moest het ergste doen wat er bestond. Ik moest naar de boekhouder.

Boekhouder

Monsieur Trichet is een lange magere man met evenveel gevoel voor humor als een dode vis. De man is zo saai dat als hij klaarkomt, er in plaats van zaad, een stofwolkje uit zijn geslacht spuit. Hij oogt als een kruising tussen Mitterand en Giscard d'Estaing en gedraagt zich daar ook met graagte naar. Hij bezigt een ijdele manier van spreken die veel vergt van de luisteraar.

Het is elf uur in de ochtend als ik, in de Rue des Arcades achter het rangeerterrein van Libourne, het statige gebouw nader waar monsieur Trichet resideert. Al mijn goede voornemens ten spijt, slaag ik er slechts ternauwernood in de sterke aandrang om rechtsomkeert te maken en hard weg te rennen te bedwingen. Met een gelaten zucht druk ik op de bel. Monsieur Trichet ontvangt me met een minzaam gelispelde begroeting, geeft me een slap handje en gaat me met koninklijk geheven hoofd voor naar zijn kantoor. Ik volg zijn rijzige gestalte alsof ik naar het schavot moet. Het vertrek dat we betreden is van onder tot boven gestoffeerd met dik kleigrijs ribbeltapijt. De ramen zijn hermetisch gesloten en de gevoelstemperatuur is ongeveer vijftig graden Celsius.

Ik weet een spontane aanval van claustrofobie en vluchtdrift te onderdrukken en neem plaats op het sleetse stoeltje dat hij me met een kort gebaar toewijst.

'Asseyez-vous, monsieur Gort.' Met statige passen schrijdt de 'comptable' door het bloedhete vertrekje naar zijn schrijfbureau, trekt de pijpen van zijn broek iets op en neemt omzichtig plaats in de comfortabele lederen bureaufauteuil. Hij buigt zich naar voren, zet zijn ellebogen op het groene vloeiblad en plaatst met een precieus gebaar zijn vingertoppen tegen elkaar.

Dan trekt hij één wenkbrauw omhoog, kijkt mij aan of ik iets ben dat naast de vuilnisbak is gevallen en gorgelt met een geaffecteerde keelstem: 'Monsieur Gort, een wijnbedrijf leiden, dat moet u begrijpen, dat is geen sinecure.' Deze woorden laat hij even veelbetekenend in de lucht hangen, dan volgt een gedetailleerde uiteenzetting over wat ik allemaal verkeerd doe.

Met een zuinig mondje en op belerende toon krijg ik de ene kritiek na de andere over mij uitgestort. Denkend aan alle moeite die wij ons getroosten om ons château tot bloei te brengen, probeer ik mijn zielenborst vrij van kwade driften te houden, maar tevergeefs. In mij begint een storm te woeden en ik krijg acute moordneigingen. Het liefst zou ik mijn vingers om die kale kippennek leggen en hem krakend zijn strot dichtknijpen tot hij gierend om genade smeekt.

'Kalm blijven!' beveel ik mijzelf. 'Let liever een beetje op en probeer iets van deze meneer op te steken. Denk aan je château!'

Lijdzaam onderga ik drie kwartier lang een blaartrekkende monoloog over personeelswetten, ziektekostenverzekeringen en onbegrijpelijke tabellen met winst- en verliescijfers. Dof als een nachtelijke ijsbreker door het pakijs oreert hij voort, ongevoelig voor argumenten. Want tegenspraak hoort monsieur Trichet liever niet, daarvoor hoort hij zichzelf te graag spreken, en vragen doe ik maar niets, want dat zou deze marteling alleen maar verlengen.

Als ik dan eindelijk, duizelig en met het zweet klotsend in m'n oksels het oververhitte kamertje uitwankel, ben ik totaal afgepeigerd. Ik wil nog maar drie dingen: wijn, wijn en Turf.

Markt in Bordeaux

November. Turf en ik doen boodschapjes op de drukke zondagochtendmarkt langs de kade van Bordeaux. Kramen vol verse groenten, mooie kazen en robuuste worsten. Viskramen afgeladen met oesters, kreeften en zeewolven. Aan de luifel van de wildkraam waar ik een fazant laat inpakken, bungelen aan touwtjes negen versgeschoten houtduiven. De oesterboer heeft een terras geïnstalleerd. Voor zijn hoog opgetaste kratten met oesters heeft hij een tiental gebutste ijzeren tafeltjes en stoeltjes in allerlei kleuren uitgeklapt, en voor drie euro zestig zitten we opeens om elf uur 's ochtends in de warme herfstzon te smullen van een ontbijt van verse oesters, die ochtend geplukt in het Bassin d'Arcachon, nog geen uur hier vandaan.

Bij een aangrenzende wijnkraam heb ik twee 'ballons blanc' gehaald, twee bolle glaasjes koude fruitfrisse Sauvignon blanc uit de Entre-deux-Mers. Een wijn die betoverend lekker smaakt bij de ziltige verse oesters. Links de veelkleurige drukte van de markt, rechts schijnt de zon op het golvende water van de traag stromende Garonne. Aan de overkant van de rivier kijken we uit op de met rossige wijngaarden bedekte heuvels waar de wijn die we nu drinken, vorig jaar geoogst is. Een paar kilometer verder golft de zee die de oesters op ons bord gisteren nog omspoelde.

Pal voor onze neus trekt de levendige stroom marktbezoekers nimmer eindigend voorbij. Er nadert een jongeman in een lichtblauw spijkerpak met glitters en felgekleurde nepjuwelen, lange puntlaarzen, een enorme vetkuif, lange bakkebaarden en een donkere zonnebril. Midden op het gangpad begint hij, met een afgeragde gitaar zonder snaren, een wilde rock & roll-act. Op het hoogtepunt van 'Jailhouse Rock' gaat hij zo uit z'n dak, dat hij zingend en ongearticuleerde kreten slakend op zijn rug op de keien gaat liggen. Met in de lucht trappelende benen zet hij zijn tanden in de hals van zijn gitaar en begint heftig aan het hout te kluiven. Het publiek juicht en klapt, en als de rocker verlegen lachend weer is opgestaan, wordt hij op de schouders geslagen en krijgt van alle kanten 'ballons' aangeboden.

Gewoon een zondagochtend in Bordeaux.

Parkerpoints

Er reutelt een papier uit de ouderwetse kasteelfax. Het is de puntenlijst van de Robert Parker-proeverij waarvoor wij onze Château de la Garde '94 hebben ingebracht. Voordat het fax-apparaat de kans krijgt het papier af te scheuren ruk ik het van de rol en scheur het inderhaast doormidden. Terwijl ik de twee stukken papier tegen elkaar houd dwalen mijn ogen ademloos langs de rijen namen van de grote wijnchâteaus; Croizet Bages, Dauzac, Grand Puy Ducasse, zou het mogelijk zijn?

Zouden wij daar bij staan? Zouden wij in één adem genoemd worden met deze wijn-ikonen, met de groten der aarde?

Dan houdt mijn hart op met kloppen. Zie ik dat goed?! Dáár, daar staat onze naam! Met een tópscore. Ik wrijf m'n ogen uit.

Onze allereerste eigenste wijn! Vierentachtig punten…!

Loodgieter

Een etiket voor de rosé ontwerpen? Oh ja, dat moet ook nog! Een tripje langs het wijnschap van de Carrefour in Libourne brengt de verbluffende uitkomst dat in Bordeaux alle wijnetiketten grofweg hetzelfde zijn: een gravure van een kasteel en een banier met de kasteelnaam. In sommige gevallen wordt het majesteitelijke karakter nog extra benadrukt door de afbeelding van twee potent rechtop-staande leeuwen. Dat moet dus anders. Zijn wij immers niet van de rockgeneratie? Jong, Snel en Wild. Weg met die oubollige kasteelgravures! Wij gaan iets creatiefs doen. Art! Paint! Materie!

Penseelstreek! Knallen met die ballen!

Vooralsnog wordt onze aandacht evenwel opgeëist door aardsere zaken, want als we ons kasteeltoilet doortrekken horen wij sinds enige dagen, in plaats van de bevrijdend gulle waterstroom, slechts een droog gerochel.

We bellen monsieur Rivet, de 'plombier' uit het dorp. Een kort heertje in een blauwe tuinbroek waarin aan de voorzijde enige ogenschijnlijk willekeurige gereedschappen zijn gestoken. Pluizig haar, een bol buikje en een lichtpaarse bril, die door een vriendin eens werd omschreven als een 'Duitse pornobril'. Monsieur Rivet is altijd een beetje gehaast alsof ie het maar liever zo snel mogelijk geklaard wil hebben, dat klotewerk van hem. Want waar de timmerman zich mag verheugen in het ambachtelijke meesterschap, de zuivere geur van vers zaagsel, het veelgeprezen timmermansoog en handen die bewonderend over zijn gereedgekomen werk strelen, hoe anders is het beroep van de loodgieter: altijd in de rioollucht, vechtend met muurvast zittende moeren, in de meest ongemakkelijke posities. Zeker in zo'n oud kasteel als dat van ons. Menigmaal trof ik monsieur Rivet met z'n bovenlichaam klemvast in een klein gootsteenkastje gepropt, rukkend en trekkend aan een vastgeroeste wartelmoer. 'Merde!' en 'Putain!' klonk het dan gedempt vanuit het kastje.

Ik heb 'm 'ns gevraagd wat Putain betekende, het bleek hoer te betekenen. Dat wierp een nieuw licht op de vloek die daarna meestal volgde: 'Putain de putain de putain!' Schoot de wartelmoer dan na langdurige verwensingen eindelijk los, dan kreeg hij de volledige inhoud van de plotseling doorstromende afvoerpijp in z'n mik. Waarna hij zich woest spartelend uit het gootsteenkastje bevrijdde om zich grommend en tierend met een theedoek het gelaat schoon te wissen.

Ook trof ik hem wel liggend op de wc-vloer, met zijn arm tot aan z'n oksel rondgraaiend in de toiletpot. Om er uiteindelijk met een ruk en een laatste 'Putain!' een drabbige pluk maandverband uit te trekken.

Wat een vak. In het begin boden we hem, naar Hollands gebruik, koffie aan. Fransen begrijpen dat niet. Je drinkt op een dag namelijk slechts twee keer koffie: bij het ontbijt en na de maaltijd. Dat die idiote Hollandais dat de hele dag door doen, wordt als 'bizarre' beschouwd. Als we aan de koffie zaten en we wisten dat monsieur Rivet ergens bij ons bezig moest zijn, dwaalde Turf soms met een kop koffie het hele kasteel door tot ze in een kamer kwam waar hij bezig was. Je zag dan z'n benen uit een gat in de vloer steken en van onder de planken klonk een gesmoord maar hartgrondig gevloek.

'Monsieur Rivet, voulez-vous un café?' Hij wurmde zich dan onder luide verwensingen, met een rood hoofd en stofnesten in z'n haar, weer naar buiten en sprak vol trots, 'C'est fait, ça marche' en dronk zittend tussen de opgebroken vloerdelen, beleefd z'n grote bak Hollandse pleur leeg.

Later verbrandde ik nog 'ns lelijk m'n kop omdat hij de door mij aangeleverde Engelse douchekranen verkeerd om had gemonteerd. De Engelse C-knop voor Cold, had hij op de hete kraan geschroefd. C, dat is Chaud, dacht hij. Die H op de Hot-knop begreep ie niet helemaal, maar er was nog maar één keus, dus ging de H op de kouwe kraan. Toen ik rood aangelopen van het werken in de zondoorstoofde wijngaarden de badkamer in rende voor een verfrissende douche en in één ruk de koude kraan vol open draaide, stond ik opeens onder een spetterende stroom gloeiendheet water. Vloekend sprong ik er onder vandaan. 'Putain de putain de putain!' Maar echt kwaad kon je niet op hem worden. Hij stond altijd klaar. Eén belletje en binnen een uur stond die pluizige pijpkabouter met zijn rammelende Citroënbus vol bungelende beugels, buizen en T-stukken voor de deur. 'Monsieur Gort, Bonjour! Qu'est ce que je peux faire pour vous?'

Jan Cremer

Van Jan Cremer mag je vinden wat je wilt, maar de man is een ikoon. In de sixties las heel Nederland met rode oortjes zijn voor die tijd schokkende romans, en de stoppingpower van zijn woeste veelkleurige schilderijen is nog altijd onmiskenbaar. Cremer is een geaccepteerd multi-kunstenaar en zijn werk hangt in vele beroemde musea. Vermaard zijn ook z'n tulpenschilderijen. De enige juiste man derhalve, om voor het etiket van onze rosé 'La Tulipe' een Tulp te painten.

Via een wederzijdse kennis krijgen we belet. Enige dagen later ontvangt de grote kunstenaar ons in zijn Amsterdamse patriciërswoning aan de Keizersgracht. Na een intakegesprek besproeid met enkele flessen nog etiketloze rosé La Tulipe, belanden we in Jans favoriete restaurant. Een volgens hem authentieke Italiaan in de Reguliersbreestraat. De gang der gerechten blijkt volledig in handen van de door Jan stelselmatig met 'Capo' aangesproken uitbater. Bestellen is zinloos, de Capo bepaalt wat wij eten. Gelukkig leidt dit tevens tot de inname van een flink aantal flessen voortreffelijke Amarone. Als we bij het ochtendkrieken, ondersteund door Babette en Turf huiswaarts laveren, zijn we vrienden voor het leven en is de zaak beklonken:

Jan zal ons een Tulp schilderen.

Een maand later verleent Jan ons audiëntie op zijn atelier. In een ruimte die er uitziet alsof er zojuist de wereldkampioenschappen paintball zijn beslecht, toont Jan ons vol trots zijn nieuwste creatie: Onze Tulp. Tóp! vinden 'm. In één keer helemaal goed. Wat een artiest, wat een reus van een kunstenaar! Hop! Naar de drukker met dat ding. We laten er direct etiketten van drukken, en het resultaat is in één woord, schitterend.

Voor de presentatie van het nieuwe etiket organiseren we een spetterende party, waar we restaurant 'Le Garage' van Joop Braakhekke voor afhuren. 'Tout le beau monde' is er. Op straat verdringen zich de gossipfotografen om alle sterren van de tv, de muziek en de reclame op de gevoelige schijf vast te leggen. Vips en celebreties vlinderen door elkaar en iedereen is enthousiast over de rosé en het etiket. Met speeches en bescheiden ritueel wordt de feestelijke eerste fles overhandigd aan de Franse ambassadeur Bernard Baron de Montferrand. Daarna wordt er gedanst en gefeest en rosé gedronken en het is pas diep in de nacht als we eindelijk huiswaarts keren. Om met Nabokov te spreken: 'De rosé en Babette dansten in mij.'

Het bleef nog lang onrustig in m'n hoofd.

'Albert Heijn?' raspt een brommerige Cremer. 'Over m'n lijk! Ik ben een groot artiest! Ik ga niet tussen de inlegkruisjes liggen!'

Dat was een lelijke streep door mijn rekening: Jan wilde onder geen beding dat onze rosé met zijn tulp bij Albert Heijn werd verkocht. En de rosé moest volgens afspraak binnen een maand geleverd worden. Ik trok de Tulipe-ordner uit de kast en sloeg het door Jan en mij ondertekende contract er 'ns op na. Dat was een door mijzelf opgesteld A-viertje en derhalve kinderlijk simpel. 'Ilja mag met het etiket van Jan doen wat hij wil', dat was ongeveer de strekking. Mijn nieuwe vriend Jan had dus geen recht van spreken, dat was zonneklaar, maar het zat me toch niet lekker. Er was best wat te zeggen voor Jans inlegkruisjes-optiek en bovendien, om nou allemaal heisa te gaan maken over een wijnetiket... We besluiten de etiketten niet te gebruiken en op zoek te gaan naar een nieuwe tulp.

Pique-Nique

We pendelen heen en weer tussen ons château in Saint Romain La Virvée en onze boerderij in Maartensdijk. Maandje Frankrijk, twee maandjes Holland. Dat is grofweg de verhouding. Zeker zolang Klaas nog klein is gaat dat prima. Met de auto rijden we de duizend kilometer meestal in één dag. Halverwege maken we een relaxte stop. Bij boos weer lunchen we in een wegrestaurant, maar als het even kan, picknicken we in het gras een stukje van de weg af, op een groot geruit kleed.

Uit de rieten picknickmand komen hardgekookte eieren, een geitenkaas, een komkommer, olijven. Bordjes, mesjes, glaasjes. Een vers pompstationstokbrood en een gekoeld flesje rosé La Tulipe. Na de lunch rijden we welgemoed de tweede etappe en als de avond valt zitten we alweer in ons eigen château aan de pastis. 's Ochtends nog reclamecomponist, 's avonds een Franse wijnboer. The best of both worlds.

Zo'n reisje met z'n drieën in de Chevrolet Tahoe is bovendien verre van vervelend, het feest begint al bij het instappen: 's ochtends bij het krieken van de dag op weg. Thermoskan 'café au lait', lekkere croissants, leuke cd-tjes, verse kranten, kind erin, hond erin, wegwezen!

Halverwege de ochtend rijden we over Franse grond. Prachtig weer, 27 graden. Het is pas begin mei maar op de parkeerplaatsen van de grote benzinestations heersen al zomerse sferen. De terrassen zijn goed bevolkt en overal zie je vrolijke gezichten boven gevulde wijnglazen, heerlijk in het warme lentezonnetje.

Turf: 'Wat doen we met de lunch?'

Moi: 'Het is heerlijk weer, ik heb alles bij me: uien, tomaten, een stuk verse parmezaan. Laten we bij een pompstation lekker wat vers stokbrood kopen. Een 'Déjeuner sur l'herbe', dan vermijden we die doorgekookte wegresto-narigheid…'

Turf: 'Heb je wijn?'

'Merde!': ik zie me nog met dat doosje in m'n handen staan: 'Zal ik 'm mee inpakken? Ach nee, doe maar niet. Dat neemt alleen maar plaats in…' Eikel die ik ben! Eten zonder wijn! Daar moet je toch niet aan denken! Maar er is hoop: sommige pompstations verkopen wijn.

Bij de laatste Esso voor Parijs doen we aanvullende aankopen voor onze picknick: zes gevacumeerde hardgekookte vrachtwagenchauffeurseieren, een felrode worst van twijfelachtige samenstelling en een stokbrood. Wijn wordt hier helaas niet verkocht.

13:00 uur. We staan al een half uur te suffen in de file op de Périphérique in Parijs. Bij het zien van de afslag 'Porte d'Italie' krijg ik opeens een idee: 'Laten we lekker gaan picknicken in de Jardin de Luxembourg! Als we hier d'r af gaan, kopen we bij de Nicolas even een koud flesje rosé en in een kwartiertje zitten we in het gras naast de fontein! Of nee, nog béter: we gaan lekker een oestertje prikken in La Coupôle, Sancerretje d'rbij, mmmm…'

Niet echt een optie, leert enig nuchter nadenken, want in beide gevallen zouden we pas rond vieren zachtjes naboerend de voiture weer bestijgen om vervolgens urenlang klemvast in de gevreesde Parijse weekendfile te staan. Pas rond het nachtelijk uur zou ons geliefde château ons kunnen verwelkomen. Geen goed idee, dus. Inmiddels, rammelend van de honger, rijden we verder, met visioenen van rijk gevulde picknicktafels en glinsterende glazen met koele rosé.

Vanwege het vorderende lunchuur raak ik enigszins gepresseerd. Bij het eerste pompstation na Parijs wordt de Chevy gierend op een invalidenparkeerplaats gepletterd, maar een jachtige run door de Shellshop leert: chips, ijs, radio's, vaaslampen, schaapsvachten, geurkaarsen, chauffeursklompen en Eiffeltorentjes... maar géén wijn!!

Turf snelt naar het selfservice restaurant. 'Non madame, we mogen alleen alcoholhoudende dranken verkopen als u daar een warme maaltijd bij bestelt...'

Terug in de car, Turf: 'Het is nu drie uur; ik ga gewoon ergens zitten hoor, 't is heerlijk weer, ik wil met m'n voetjes in het gras. Dan maar geen wijn.'

Moi vastbesloten: 'Dan wacht ik wel in de auto tot je klaar bent met eten. Eten zonder wijn is geen eten. Als we nu opgeven is het allemaal voor nix geweest! Kom op, we doen nog één pompstation, als dat ook nix is, gaan we daar ter plekke in het restaurant eten, dan is het wat mij betreft wel een keer klaar.'

'Produits régionaux!' roep ik plotseling. 'Dáár moet je op letten. Als dat op een bord bij een pompstation staat betekent het dat ze daar locale producten verkopen: honing, jam, kaas en... WIJN!'

Waarempel, het eerstvolgende pompstation is een Total met, inderdaad: Produits régionaux! We spurten de shop in. Bliksemsnel glijden onze ogen langs het aanbod in de schappen: Honing, ja. Jam, inderdaad. Kaas, te over. Wijn? Nul. Merde! Temidden van al deze produits régionaux staat een roodgejaste Total-employé met een bezem trage veegbewegingen over de vloer te maken.

'Excusez-moi monsieur, weet u waar de produits régionaux staan?' Opgeschrikt uit zijn bespiegelingen, maakt de man een verbluft armgebaar naar de schappen vol vrolijke boerenbonte produits régionaux die ons omringen.

'Nee, nee, de WIJN!!' Hij schudt het hoofd. 'Wat!? Geen wijn?!?' De man lacht meelevend en hervat zijn veegbezigheden: 'Désolé monsieur, geen wijn.' Dit wordt me te veel. Even later staan we in de rij bij het selfservice restaurant een dampend bord 'Frites et saucisse' te bestellen. Alleen maar om een miniflesje wijn te kunnen bemachtigen. Vlug afrekenen en ervandoor; het onaangeroerde bord frites et saucisse wordt in volle vaart op een verlaten tafeltje geparkeerd en daar rennen we de trappen af met de buit: een half flesje rode Bordeaux. Eindelijk; nú is het picknicktime! De zon in! Bij de auto gekomen open ik gehaast de achterklep om de picknickmand eruit te pakken, het flesje ontglipt mijn hand en nóg hoor ik de doffe klets waarmee het flesje tussen mijn voeten kapotvalt op het asfalt. Een traag groter wordende rode plas verspreidt zich in de goot.

Gierend van de lach zitten we even later in het gras langs de berm. We eten brood met parmezaan en rode worst, begeleid door een verse fles Perrier. Bon appétit...

De Dierendoos

Klaas hebben we van baby af aan altijd met ons mee genomen op al onze reizen, naar alle restaurants en en naar alle hotels. Zo'n kind moet toch érgens wat opsteken, tenslotte. Om zijn aandacht af te leiden van het lange reizen hadden we een geweldige uitvinding: de Dierendoos. Nooit gingen we op pad zonder de Dierendoos.

Sterker nog: ik heb wel eens rechtsomkeert gemaakt en een half uur teruggereden omdat we 'm vergeten waren. Kwamen we binnen in een restaurant, dan ging de Maxicosi op de grond, Klaas op m'n schoot en de Dierendoos op tafel.

Het is een houten doos die ooit sigaren van het merk Sumatra Kleine Tuitknak van Hajenius herbergde, met een kapot sluitinkje en een elastiekje erom. Hierin bevinden zich een twintigtal kleine plastic speelgoedbeestjes waarover ik wel duizend verhalen heb verteld. Alle dieren gaf ik eigen namen, sterk uiteenlopende karakters en liet ze ieder hun vaste rol spelen.

Een van de hoofdrollen wordt vervuld door een klein roze varkentje met een groengeel geruit broekje aan, genaamd Dokter Big. Deze doortastende kleine medicus heeft een scala aan ongebruikelijke technieken om zijn mededieren te genezen, zoals het laten van loeiharde scheten. Hij past met z'n varkenspootjes precies tot aan z'n krulstaartje in een klein rood plastic oldtimertje. Daardoor kan hij niet anders dan rechtop in het open autootje staan, maar dat geeft hem een zekere commandant-achtige allure, hetgeen zijn autoriteit allerwegen ten goede komt.

Een andere rol is weggelegd voor een lichtgrijs bokje met een witte sik genaamd de Zeurbok. Hij heeft de opvoedkundige functie dat men in het leven niet altoos krijgt wat men wil en de zeurbok fungeert als schrijnend voorbeeld van hoe het niet moet. Dokter Big: 'Wil je een kauwgompje?' De Zeurbok: 'Neeee, ik wil d'r tweeeeee.' Dokter Big: 'Nee hoor, je krijgt er één.'

De Zeurbok: 'Nee, ik wil d'r tweeeeee.'

Klaas is nu veertien en het valt me op dat hij inderdaad nooit ergens om zeurt, dus het heeft gewerkt.

Dan hebben we de Verfhond. Een bruin plastic poppetje in een witte schildersjas, hij heeft een hondenhoofd en in zijn hand een kwast met een groene punt. Alles wat hij verft wordt groen. Hij wil wel anders, maar dat gaat niet, hij kan alleen maar groen. Dat leidt soms tot heftige protesten van zijn verongelijkte opdrachtgevers, zoals de Theetante, een donkergrijze rechtop lopende geit met een zwart schort en een blad met glazen voor d'r buik. Tijdens hoog oplopende meningsverschillen komt zij tussenbeide en zingt met een hoog bekakt stemmetje: 'Wie wil d'r theeeee!?' Alsof iemand thee zou willen! Zeker niet Henkie, het grijze plastic everzwijntje. Als er problemen zijn en dokter Big zoekt middels een goed gesprek naar een compromis, dan wil de snel aangebrande Henkie er altijd het liefst direct onder veel geknor op los rossen.

Er zit ook nog bruin beertje bij, wiens enige functie is dat ie af en toe opkomt en roept: 'Is hier honing?' Is dat het geval dan eet hij het dankbaar op, zo niet, dan is zijn vaste tekst: 'Nou, dan ga ik maar Beer.'

Als de spanningen te hoog oplopen, worden de dieren vaak tot bezinning gebracht door de Schot. Een drie centimeter hoog Schots poppetje, ooit van een souvenirbalpen afgebroken, met een doedelzak onder z'n arm. Hieraan ontlokt hij zulke afgrijselijk lelijke klanken dat alle boosdoeners stante pede tot inkeer komen, zich de oren bedekken en beterschap beloven.

De dieren uit de Dierendoos hebben jarenlang op de damasten tafelkleden van zo'n beetje alle sterrenrestaurants in Frankrijk hun vrolijke avonturen beleefd. Heel vaak ben ik door deftige obers bevreemd aangekeken als ik weer met een hoog piepstemmetje de Zeurbok zat na te doen of Henkie onder luide aanvalskreten de Theetante in elkaar liet rossen. Maar Klaas vond het prachtig en vanuit de kinderstoel regisseerde hij beurtelings schaterend van pret en ademloos van spanning mijn capriolen met de Theetante, de Beer, dokter Big en de andere dierendoosdieren.

De Tulp

Veel talentvolle kunstenaars verdienen hun brood in de reclame. Een logische stap dus, om een aantal bevriende artdirectors te vragen een nieuwe tulp voor ons rosé-etiket te schilderen. We vragen bepaald niet de minste. Er moet beslist een periode geweest zijn waarop het opvallend stil was in de sterblokken en de dagbladen, want op een zeker moment was zo ongeveer de voltallige crème de la crème van de Nederlandse reclamewereld z'n hoofd aan het breken om voor ons de mooiste tulp te ontwerpen. Het was nog nét geen wedstrijd. Maar het wil niet lukken. De een na de ander haakt af of komt met iets wat het niet is. Óf het lijkt veel te veel op een tulp en dan is er dus nix an, óf je ziet er, al drink je tien flessen rosé, in de verste verte geen tulp in.

In opperste wanhoop besluit ik uiteindelijk om het dan maar zelf te doen. Zo moeilijk kan dat toch niet zijn, 'n beetje painten.

'Nou is het klaar! Dat gezeik met die kuttulp!' roep ik strijdlustig en met gierende banden scheur ik naar een winkel in schildersbenodigdheden in Laren. Beladen met plastic tassen vol kwasten, paletmessen, verfpotjes en schilderslinnen, betreed ik een uurtje later weer onze woning. Ten aanzien van de tubes olieverf heb ik geopteerd voor het hoopgevende merk 'Vincent van Gogh', dus mijn kostje is gekocht, vind ik zelf. Zorgvuldig spreid ik m'n aankopen uit over de grote eettafel en vervuld van creatieve drift ga ik aan de slag. Niet storen. Pappa is aan het scheppen.

Oei! Dat valt lelijk tegen: de kwasten doen in het geheel niet wat ik wil! De eerste tulp wordt een soort dik gebakje. Voor de tweede tulp meng ik de lentekleuren geel en groen, hetgeen resulteert in een drabbige bruine koeienvla. De derde tulp vertoont sterke gelijkenis met een openhartoperatie. Na enige uren geworstel met de materie dringt de afschuwelijke waarheid tot me door: dit wordt helemaal drie keer nix!

Nergens lijken mijn artistieke talenten uit te komen boven het geklodder van een zwakbegaafdenschooltje. Wat ik ook schilder, je kan er van alles in zien, van een hondendrol tot een ontplofte egel, maar geen tulp.

Als ik dan ook nog 'ns met m'n nieuwe witte broek, met een flatsend geluid midden in de op een stoel te drogen gelegde kletsnatte koeienvla ga zitten, breekt er iets in me. Met een gekreun als een in barensnood verkerende zeekoe, gooi ik de kwast in de ring en sjok moedeloos naar m'n muziekstudio.

Een paar uurtjes later kom ik de kamer weer in om de schilderspullen op te ruimen. De kleine Klaas, nog een peuter van zeven, zit zachtjes neuriënd aan de grote tafel. Hij heeft het penseel stevig in z'n knuistje en duwt 't diep in de pot rode plakaatverf. Met zijn tong geconcentreerd tussen z'n tanden zit hij een grote rode tulp te klodderen.

'Wat is dat, jongen? Mag ik 'ns even kijken?'

Voorzichtig neem ik het papier uit zijn handen. En waarempel: met robuuste penseelstreken heeft de koter een raak getypeerde tulp geschilderd. Een explosie van felrood die werkelijk van het doek af knált. Ik zie het direct: dit is 'm!!! Verrukt til ik het ventje hoog op en kus hem smakkend op z'n blonde krullen: 'Kanjer, die je d'r bent! Jij hebt La Tulipe geschilderd!!'

Onze négociant Bill Blatch belt op om te vragen of we nog La Garde '94 op stock hebben. Argwanend informeer ik naar de reden van deze retorische vraag. Leedvermaak? Wil hij me nog 'ns extra jennen met het feit dat ik elke nacht met holle ogen naar het plafond lig te staren hoe ik in godsnaam van die twintigduizend flessen wijn af moet komen?! Zelfs in Maartensdijk word ik dagelijks achtervolgd door het schrikbeeld van de nog immer aanwezige muur van onverkoopbare flessen.

Maar niets is minder waar; Bill is gebeld door een importeur in de U.S.A. die graag tienduizend flessen wil afnemen.

'Parker likes you,' lacht Bill.

'And I like Parker!' roep ik verheugd. Drie maanden later is de flessenmuur geslecht en de volledige vooraad verkocht. Aan klanten in Amerika, Canada en Japan.

Uitbundig kus ik mijn lieve Turf en dans met haar door de kasteelkeuken: 'We hebben het voor elkaar!'

Voor het eerst ligt onze rosé La Tulipe in de schappen bij Albert Heijn. Het is vrijwel direct een groot succes. We krijgen goeie recensies van toonaangevende wijnschrijvers als Hubrecht Duijker en de verkopen gaan goed. Dat komt niet in de laatste plaats door onze kleine Klaas, want zijn tulp wordt door iedereen mooi gevonden. Bovendien valt de primitieve kracht van zijn felrode creatie enorm op tussen alle saaie wijnetiketten.

Dan ploft er een langwerpige enveloppe op de mat. Langwerpig om de lange rij dreigende namen te kunnen bevatten: Advocatenkantoor Kalff, Katz, en Koedooder. Help! Ik word gekalft, gekatzt en daarna als een koe gedood! Het is Jan Cremer. Hij sleept ons voor de rechter. We hebben plagiaat gepleegd, vindt Cremer. De tulp op ons etiket is volgens hem gekopieerd van een van zijn creaties. Ondanks de ernst van de zaak schiet ik in de lach: 'Dan moeten we Klaas maar naar de rechtbank sturen, die heeft tenslotte die tulp geschilderd. In de boeien met dat ventje!'

Voor alle zekerheid bel ik toch maar met mijn vriend, de advocaat Oscar Hammerstein, die de zaak op zich neemt en hem zonder al te veel moeite glansrijk wint.

Salon d'Honneur

Op een landerige namiddag ben ik met Klaas de grote stoffige zolder boven de salon d'honneur aan het verkennen. Het is er aardedonker, een smal straaltje zonlicht schijnt door een kier in de gesloten luiken en werpt een lichtplek op een opengebarsten stromatras. Op de tast schuifelen we voorzichtig tussen vermolmde karrenwielen, geheimzinnige kisten en verroest boerengereedschap over de halfduistere vliering. Stof wolkt op rond onze voeten en prikt in m'n neus. Ik bedwing een niesbui en haak met mijn voet in een op de grond liggende huif van een paardenkoets. Struikelend val ik bijna voorover in een kist met kapotte flessen. Maar dat maakt ons niet uit want deze kasteelzolder is een ware schatkamer: ik heb al een roestige bajonet gevonden en een antiek houten plukkersmandje en Klaas klemt een van ijzerdraad gevlochten rattenval onder z'n arm.

Aan het eind van de zolder stuiten we op een deuropening die van onder tot boven met grove steenblokken is dichtgemetseld.

'Zullen we 'm openbreken, pap?' fluistert Klaas stoer en plaatst zijn recent verworven antiquité alvast voorzichtig op de grond.

‘Goed idee jongen, maar laten we eerst ’ns gaan kijken hoe de andere kant eruitziet.’ We dalen de houten zoldertrap af en komen via de andere vleugel op de belendende vatenzolder. We wringen ons tussen de lange rijen lege wijnvaten door naar de andere kant en treffen daar wéér een dichtgemetselde deur. Maar naar mijn gevoel klopt er iets niet: dit is niet dezelfde deur! Daar moet een ruimte tussen zitten! Beneden meten we met wijde stappen de afstand tussen de twee dichtgemetselde deuren. En ja hoor: daar zit zeker vijf meter tussen!

De geheime kamer! Mijn fantasie slaat direct op hol. In die kamer heeft lang geleden vast iets plaatsgegrepen dat nimmer door mensenogen aanschouwd mag worden. Een moord? Een nog compleet ingerichte kinderkamer van een langgeleden omgekomen dochter? Een overspelige echtgenote wellicht, door de getergde kasteelheer levend ingemetseld? Een macabere kraamkamer vol uit incest geboren babylijkjes?

Gewapend met twee zware mokers en een zaklantaarn gaan we weer terug naar de zolder boven de salon.

‘Baf!!’ Daar de dreunt de eerste mokerslag tegen het metselwerk. ‘Kedeng!’ Ook de kleine Klaas geeft ’m flink van jetje. Binnen de korste keren hebben we een manshoge bres geslagen. In een wolk van puinstof stappen we voorzichtig door het gat. De stralenbundel van de zaklantaarn priemt door het duister. We houden onze adem in van spanning: aan de muur geketende geraamtes? Een schatkist tot de rand gevuld met dubloenen?
Maar wanneer het stof is neergedaald onthult de zaklantaarn slechts een woud van spinnenwebben en neerhangende stofnesten. Verder is de ruimte geheel ledig. Op een ding na: in het midden van de vloer ligt een grote zwart-oranje opblaasboot. ‘Summer Fun’ staat er met grote letters op de rand.

We staan nog verbaasd met onze ogen te knipperen als er aan de poortbel geklingeld wordt. Het is onze timmerman monsieur Moreau. Hij is een verbazend nauwkeurige kopie van Louis de Funès: een door zon en wind verweerde kop met wenkbrauwen als dikke reepjes zwart bont die grappige boogjes vormen alsof hij in voortdurende geamuseerde verrassing verkeert over de wisselvalligheden van het menselijk bestaan. Daaronder twee twinkelende oogjes, die je direct een gevoel geven van 'wij begrijpen mekaar'.

Half onder zijn alpinopet, achter zijn rechteroor heeft hij altijd een klein rood potloodje. Al zó lang, dat er een richeltje eelt is ontstaan, waardoor het potloodje onder alle omstandigheden blijft zitten als was het daar vastgeniet.

Monsieur Moreau heeft een robuuste werkstijl, maar met oog voor detail. Aan hem hebben wij gevraagd om de vermolmde vloer van onze salon d'honneur te vervangen, want de man is een absoluut fenomeen: afgelopen najaar is er tijdens een storm een eeuwenoude eik omgewaaid dwars door een prachtige oude opslagloods. Bevreesd voor de Franse ratskladderflats opknapstijl, stalen balk hier, rijtje B2-blokken daar, had ik monsieur Moreau gevraagd of hij niet een stel oude balken op de kop kon tikken teneinde de vrij ingewikkelde boerenschuurconstructie te reconstrueren.

Toen we samen voor het verwoeste bouwwerk stonden en ik mijn blik liet dwalen over de berg versplinterde palen en afgebroken balken bedekt onder een laag kapotte dakpannen, kwam een restauratie mij voor als een onmogelijke opgave. Ik vond het zelfs ietwat gênant om zoiets van iemand te vragen. Maar ik vroeg het toch, ofschoon het me niet verbaasd zou hebben als hij in hoongelach was uitgebarsten en 'Totalement impossible!' had geroepen. Maar dat gebeurde niet. Integendeel.

Toen we, na een maandje Maartensdijk, weer op ons château kwamen, bleek monsieur Moreau in z'n eentje de hele schuur overeind gezet te hebben. Nieuwe oude balken, compleet met pen-gatverbindingen en nieuwe antieke dakpannetjes. De schuur staat weer als een huis, alsof er nooit iets gebeurd is. Hoog in de nok zijn de zwaluwen alweer bezig nesten te bouwen.

Klaas en ik rennen van de zolder naar beneden en samen duwen we de zware ijzeren kasteelpoort open. Monsieur Moreau komt de binnenplaats op rijden. Hij steekt zijn vrolijke hoofd uit het raampje van z'n oude loodgrijze Peugeot 404 break: 'Bonjour, mes braves!' en parkeert krakend pal voor de deur. Met een oranje touw is er een metershoge stapel vuile oude planken op de laadbak vastgesnoerd, die vervaarlijk nawiebelt.

‘Si vous voulez, c’est pour vous,’ zegt Moreau en beklopt trots de stapel sloophout. Op mijn verbaasde geluiden vertelt hij dat de stadsbibliotheek van Bordeaux onlangs is uitgebrand en dat hij bezig is er een nieuwe vloer in te leggen.

Deze prachtige brede vloerdelen zijn nog helemaal goed. Hij had ze in eerste instantie voor zichzelf gereserveerd, maar bij het zien van onze salon d’honneur was ie getroffen door de pracht van deze stijlkamer en nu voelde hij zich verantwoordelijk voor de restauratie ervan.

Met zijn duimstok mept hij naar een vlieg die wederrechtelijk wil landen op zijn uit de container geredde schat en verklaart trots: ‘Dit zijn vloerdelen van keihard dennenhout, monsieur, lang geleden gekapt in de bossen van Les Landes. Dit is van een kwaliteit die niet meer gemaakt wordt. Kijk die planken!’ Hij klemt een plank tussen zijn eeltige duim en wijsvinger en inderdaad: de planken zijn zeker vier centimer dik.

‘Meer dan honderd jaar oud, monsieur en nog keihard!’ Dan heft hij zijn handen ten hemel alsof hij er ook niks aan kan doen: ‘Dit is de vloer die hoort in uw salon, monsieur Gort. Als u hem wilt, doe ik ’m u cadeau.’ Nou, dat willen wel! We laden de planken uit en een tiental dozen wijn in en de zaak is beklonken.

Een maand later begint monsieur Moreau aan de renovatie van de salonvloer. Het is een prettige tijd: elke ochtend pruttelt zijn oude Peugeot de poort door en even later is de binnenplaats vervuld van vrolijke timmer- en zaaggeluiden, gelardeerd met flarden ‘Radio nostalgie’ uit zijn met kalk bespatte werkmansradiootje. Klokslag twaalf verstillen deze geluiden, dan komt de 404 weer hoestend en pruttelend tot leven en monsieur Moreau tuft naar huis. ‘On mange’. Klokke twee is hij weer van de partij.

Klaas is, ondanks zijn zeven jaar, inmiddels de vaste gezel van monsieur Moreau geworden. In het begin zat hij alleen ’n beetje verlegen toe te kijken, maar monsieur Moreau heeft hem geleerd hoe je een plank moet afzagen, hoe je een spijker recht het hout in slaat en hoe je de mooiste houtkrullen maakt. Klaas vindt het geweldig, hij mag gereedschap aangeven, planken afschaven en latten timmeren. Turf heeft een echte timmermansoverall voor ’m gemaakt en daar draagt hij stoer z'n eigen hamer en duimstok in. Soms staat hij, lang voordat monsieur Moreau zal arriveren, al met zijn hamer in z'n hand te wachten aan de poort.

Maar Moreau was niet de enige die verrukt was over onze salon; ook de schilder, monsieur Chaur, door ons gevraagd om de luiken een verfje te geven, werd verliefd. Hij is een boom van een kerel met grote, verfbespatte knuisten. Een vrolijke ontwapenende kop met hoge jukbeenderen en een scherpe neus. Hij rookte, niet geheel in lijn met zijn reusachtige verschijning, dunne filtersigaretten van het merk 'Femme Fatale'. Bij het zien van de lambrizering met de handmatig uitgesneden houtpanelen begon hij spontaan te kwijlen. 'Monsieur Gort!' kreet hij bijna smekend, 'Dit MOET ik schilderen! Mag ik dit ALSTUBLIEFT schilderen, hiervan ga ik mijn levenswerk maken!'

Voor een vakbekwaam schilder, wiens beroepsmatige hoogtepunt wordt gevormd door het kwasten van een afgebladderd raamkozijn, moest deze kamer inderdaad een wellustige sensatie zijn: van onder tot boven betimmerd met houten panelen vol sierlijk geschulpte randen en kunstig uitgesneden afbeeldingen van violen, harpen, druiventrossen en wijnstokken. In de hoeken zwevende engeltjes met bolle wangen en uitstaande vleugeltjes. En dat moest allemaal geschilderd in minimaal vier kleuren!

Een half jaar later is de salon d'honneur gereed. Het is werkelijk adembenemend mooi geworden. Monsieur Chaur heeft woord gehouden: maandenlang heeft hij met met grote toewijding gewerkt aan de restaurantie van de zeventiende-eeuwse panelen. Hij heeft geschilderd tot hij er bij neerviel. Hij heeft zijn ziel en zaligheid in de wandschilderingen gelegd. Urenlang zat hij te mengen om precies dié tint bleekroze te vinden die wij wilden gebruiken voor de binnenranden. Urenlang zat hij te roeren om precies dié nuance mintgroen te krijgen voor de buitenranden. Soms zag ik die grote hork in zijn witte schildersoverall, met z'n tong uit z'n mond, een klein lichtje tippen op een onwillig druifje. Of liggend op zijn rug op een hoge steiger nog een roze tepel van een klein engeltje bijstippen.

En nu was het klaar.

Het was een majesteitelijk vertrek geworden, een keizer waardig, want ook de vloer van monsieur Moreau was een meesterwerk van timmermansprecisie geworden. De stoffige planken uit de bibliotheek van Bordeaux had hij zorgvuldig schoongemaakt en er waren prachtige, vlammend generfde kastanjebruine vloerdelen onder vandaan gekomen. Die had hij met grote nauwkeurigheid in een subtiel patroon gelegd, liefdevol geschuurd en gepoetst en nu lag daar een beeldschone vloer, vers opgewreven in de bijenwas, zacht te glanzen.

Het regent. De hele dag al. Maar binnen is het behaaglijk. In de haard knappert een groot vuur. Turf staat in de achterkeuken aan het heet gestookte houtfornuis te kokkerellen en de lucht is vervuld van de verrukkelijke braadgeur van de goudbruine fazant die wij aanstonds gaan verorberen. Uit mijn privéwijnkelder heb ik na zorgvuldige selectie een mooie fles rode Bordeaux uitgekozen: Château Lynch Bages 1990. Fluwelig door de dikke laag stof die er op ligt. Ik heb hem al ontkurkt om te luchten en hij staat geopend klaar om straks heerlijk opgedronken te worden.

Ik geniet van de gezellige warmte van de keuken en op mijn sloffen slenter ik, bladerend in een wijnboek, zachtjes neuriënd onze geheel gerenoveerde salon in.

Ik stap recht in een nachtmerrie. Brede stromen vuil bruin water druipen langs de prachtig geschilderde panelen. Op de glanzend houten vloer staan grote plassen drabbig water. Dan knettert het ergens in een lamp en meteen valt overal het licht uit. Ik slaak een kreet van schrik en ren de trap op naar boven.

'Het lèèèkt!' schreeuw ik naar beneden. Boven op de donkere zolder sta ik opeens in de regen. Het dak is zo lek als een mandje.

Door het getinkel van druppels in ijzer begrijp ik opeens de reden waarom die tientallen roestige blikjes en pannetjes hier in een grillig patroon op de vloer staan. Ik stap door de recent gehakte opening de geheime kamer binnen. Dan begrijp ik ook de functie van de zwart-oranje opblaasboot: tussen de hanebalken recht boven het vaartuig, zit een vuistgroot lek in het dak. Een brede straal regenwater stroomt klaterend in de boot. Het bruine water golft al tot de randen en staat op punt van overstromen.

'Summer Fun' lees ik weer.

'Naar buiten met dat ding!' flitst het door me heen. Ik ruk het raamloze venster open, en beuk op de vastzittende luiken. Daar knallen ze open, grauw daglicht valt naar binnen en het gedruis van de gestaag vallende regen wordt harder. Terug in de kamer klem ik mijn handen stevig om de rand van de boot en probeer het klotsende obstakel voorzichtig richting raam te slepen. Maar het ding is loodzwaar, er komt geen beweging in. Ik verzamel al mijn krachten en geef een geweldige ruk aan de overvolle boot. Hij moet het raam uit! Maar met een akelig krakend geluid scheurt het half vergane plastic onder mijn handen en vijfhonderd liter water stroomt over de zolderplanken.

Als in een roes kijk ik toe hoe een steeds groter wordende plas water in de kieren van de vloer stroomt. Beneden in de salon hoor ik Turf angstig gillen.

Langzaam draai ik me om en loop naar het raam. Verwezen staar ik naar buiten. Met een gestadig gedruis daalt een zware, nooit meer eindigende regen over de wijngaarden. Mijn ogen vullen zich met tranen. Ik wil naar huis.

Het mooiste seizoen

Wat het mooiste seizoen in de wijngaard is? Misschien de lente wanneer de jonge knoppen openbarsten en de eerste frêle doorzichtig groene blaadjes zich openvouwen. Of de winter, als je onder een strakblauwe winterhemel de kruidige rooklucht opsnuift van de vers gesnoeide druiventwijgen die in de wijngaard verbrand worden. De zomer is natuurlijk verrukkelijk, alles volop in het blad en rijpe druiventrossen bungelen als weelderige vrouwenborsten aan de struiken. Maar het oogstseizoen slaat alles. Dat is zonder meer het mooiste moment.

Als de zomer overgaat in herfst, veranderen de kleuren van het blad. Een oceaan van roodgele druivenbladeren golft dan zachtjes onder het koperkleurige licht van de herfstzon. Rijpe trossen paarse druiven hangen, zwaar van de suiker, te wachten om geplukt te worden. De atmosfeer is stil, alsof de wijngaard haar adem inhoudt voor de naderende oogst.

Zo'n wijngaard is een bron van zorg: opbinden, afknippen,

ploegen, maaien, snoeien. Plus nog een onbegrijpelijke activiteit die 'décavailloner' genoemd wordt; achter de trekker wordt een gynaecologisch uitziend apparaat met rondgebogen, glanzend stalen haken, bevestigd. Hiermee worden omzichtig de keien rond de wijnstok verwijderd. Een inspannende klus die vaak dagen in beslag neemt. Na voltooiing wordt het werktuig schoongemaakt en opgeborgen. Een week later wordt het apparaat opnieuw van stal gehaald en worden de keien met veel moeite weer op precies dezelfde plaats teruggeschoven. Een ogenschijnlijk zinloze bezigheid die niettemin toch jaarlijks met grote precisie dient te worden uitgevoerd.

Ook wordt er met een zekere regelmaat groot alarm geslagen door de 'Chambre d'Agriculture' in Bordeaux. Dan rollen er faxen uit onze kasteelfax met het afschrikwekkende nieuws dat er in onze regio een met het blote oog onzichtbaar spinnetje is gesignaleerd, wiens in het druivenblad gelegde eitjes de volledige oogst in één klap kunnen verwoesten.

Iedereen in rep en roer. In de wijngaarden wordt blad na blad omgedraaid en omstandig bediscussieerd. Met vier volwassen mannen staan we langdurig gebogen over een afgeplukt druivenblad. Heeft de eierverspreidende sluipmoordenaar wellicht besloten juist onze dierbare wijngaard als kraamkamer te verkiezen? Algehele opluchting als dat niet het geval blijkt.

Er is kortom, altijd wel wát met zo'n wijngaard. Als na een jaar van huilen, lachen, zingen, vechten en bewonderen dan eindelijk de druiven van de struiken af mogen, is dat feest. Groot feest. Voor de druivenpluk vragen we altijd de mensen van het dorp en een wisselende groep vrienden uit Nederland die voor die periode ook in het château gehuisvest worden. Maar wel aanpakken! Vroeg uit de veren voor een ontbijt van hete koffie en verse croissants aan de lange houten tafel in de kasteelkeuken. Dan, als de ochtendmist nog over de velden hangt, de vignobles in. Iedereen krijgt een snoeischaar en een rode plastic emmer en knippen maar!

Het oude kasteel is in z'n nopjes, het gonst van de bedrijvigheid. In de vignobles heerst een veelkleurige levendigheid; pluksters en plukkers, vrolijk naar elkaar roepend tussen de wijngaarden.

Kinderen bekogelen elkaar joelend met druiventrossen, trekkers met volle druivenmanden rijden af en aan. In de chai spettert en spat het water alle kanten op. Over en weer worden commando's geschreeuwd. Een hectisch geworstel met weerbarstige slangen en slangkoppelingen. Wijn maken op z'n Australisch lijkt voornamelijk te bestaan uit overpompen, weer terug pompen en schoonspuiten. Enorme watermassa's komen eraan te pas. De lucht is doordrenkt van het bedwelmende aroma van suikerzoet druivensap en alcohol. Alles kleeft en alles leeft.

Keihard werken tot een uur of twee 's middags, dan slentert de hele ploeg moe maar tevreden, terug naar het château. Het is stralend weer en dertig graden. De lange, eeuwenoude plukkerstafel, waar generaties plukkers met hun zakmessen hun namen in het hout hebben gekerfd, is uit de stal gehaald en staat gedekt klaar in de lommer van de platanen. Hij buigt bijna door onder de heerlijkheden: een grote schaal 'Entrecôtes Vigneron', malse entrecôtes rosé-gegrild op een vuurtje van druiventwijgen, salades van verse veldsla, plakken avocado, reepjes gerookte zalm, verse basilicum, flinterdun gesneden witte uien, omeletjes van kwartelei en croutons. Vrolijke schalen Italiaanse tomaten in vers geperste olijfolie met knoflook. Grote geitenkazen, het versleten Opinelmes er rechtop ingestoken. Huisgemaakte 'Terrine de campagne' waar je je vingers bij opeet. Een dikke broodplank met gerookte hammen en grove wildzwijnsworst uit de Pyreneeën. Knapperige olijfbroden en karaffen verse rosé uit het vat dat nimmer leeg raakt. Zodra er een karaf op is, snelt er iemand naar de chai: in de koelte van de kelder torent een vat met tienduizend liter verse rosé hoog boven de andere cuves uit. Karaf onder kraantje houden, kraantje héél voorzichtig opendraaien, et voilà: een bruisende straal spetterverse rosé schuimt de karaf alweer vol tot over de rand.

De rugpijn van het plukken is vergeten en de rest van de middag gaat op aan heerlijk eten, lekker drinken, vrolijk ouwehoeren en veel en uitbundig lachen.

De derde makker

'Rgrgrgrgr. Rgrgrgrgr.' De oude bakelieten telefoon op mijn antieke bureau produceert z'n bekende geluid of er een kip gewurgd wordt. Ik neem op met de standaard Franse telefoonbegroeting: 'Allô, allô?'

Het is Philippe, de metselaar uit het dorp. Of hij mij even kan spreken. Philippe is een sterke, energieke jonge kerel met een montere kop, haar op z'n borst, een martiale Franse snor en vrolijke glimoogjes. Hij is wat ze hier noemen een 'mouton à cinq pattes'; hij is zijn eigen eenmansbedrijf. 'Heeft U wat te metselen, stucadoren, tegelzetten of timmeren, bel Philippe', staat er op zijn blauwe Citroënbus. Hier op het château heeft hij al veel en goed werk geleverd en, heel on-Frans, hij is altijd op tijd en doet altijd wat ie belooft. Ik ben benieuwd wat hij van me wil, want al z'n rekeningen zijn betaald en er lopen op het moment geen klussen.

'Kom maar langs,' zeg ik. 'Je suis ici.'

Nog geen tien minuten later staat hij voor m'n neus.

'Bonjour, monsieur Gort, ik derangeer u niet?'

'Non, non, jamais!' wuif ik weg. Ik bied 'm een pastis aan en loop al naar de keukenkast. Geheel onverwacht hoor ik achter me: 'Non merci, Monsieur Gort.'

'Huh? Pardon? Geen pastis?! Ben je niet in orde? Ga even zitten!'

'Non, non merci, Monsieur Gort.'

Zijn pet ronddraaiend in z'n ruige werkmanshanden staat hij groot en onhandig voor me. Dan komt er een buitengewoon aantrekkelijk soort aap uit de mouw: of ik het goed zou vinden als hij voor ons zou komen werken.

Gék werd ie, zo vertelde hij me later bij toch maar een pastis, gék van al die administratieve rompslomp, van al die klagende klanten. Werken, werken, werken, nooit een weekend vrij. Hij kapte ermee en wilde een vaste baan, zonder papierwinkel. Lekker werken, zonder gezeik. Hij had het gevoel, zei hij, dat het klikte tussen ons, en of ik hem in dienst wilde nemen. Een dag later was ie aan de slag. Want Turf en ik waren het er direct over eens: Philippe is een lot uit de loterij.

Inmiddels zijn alle klussen aan het château zo'n beetje geklaard, het oude kasteeltje staat er blakend bij en Philippe is een cursus wijntechnologie gaan volgen in Bordeaux. Tegenwoordig is hij naar volle tevredenheid onze Maître de chai.

Doorbraak

De achterkeuken waar Turf haar verrukkelijke maaltijden bereidt, werd van de woonkeuken, waar die maaltijden opgesmuld plegen te worden, gescheiden door een deurtje ter grootte van een fors kattenluik. Het stamde uit lang vervlogen tijden toen men kennelijk niet langer werd dan anderhalve meter. Communicatie tussen keuken en achterkeuken verliep vroeger per bellenkoord maar, daar de hiërarchie tussen Turf en mij helaas op andere leest is geschoeid, speelde onze converstatie zich vaak luid roepend van woonkeuken naar achterkeuken af. Een oncomfortabele situatie, temeer daar wanneer het vuur in de woonkeuken hoog oplaaide en het er knus en gezellig werd, het in de onverwarmde achterkeuken steenkoud bleef. Schonk ik mijzelf, behaaglijk bij het vuur gezeten, nog maar 'ns een glaasje port in, stond Turf, volledig aan het oog onttrokken, in de achterkeuken klappertandend het avondmaal te bereiden.

Als zij, na alle ontberingen getrotseerd te hebben, dan eindelijk vanuit de achterkeuken de woonkeuken wilde betreden, om met een trots gebaar een zojuist bereide schotel te serveren, gebeurde het niet zelden dat de zilveren schaal schurend bleef steken in de smalle deuropening, waarbij de kunstig in patroon gelegde aardappelen, champignons en gebraden kwartels over de keukenplavuizen tuimelden.

Hoezeer we ons middeleeuwse kasteel ook ongerept wilden laten, dit was niet leuk meer. Er moest een doorgang tussen de twee keukens komen. En dan maar meteen een flinke.

Een kijkje in de bovenliggende verdiepingen wees uit dat het hier een zogenaamde dragende muur betrof, waar vrijwel de gehele kasteelvleugel op steunde. De gedachte om daar naar eigen inzicht een willekeurige opening in te gaan hakken leek niet aantrekkelijk. Dit vroeg duidelijk om een expert. We ovelegden met Paul. Die wist na enig nadenken een architect waar hij goede ervaringen mee had, een 'homme de confiance'. Paul zou zorgdragen voor een oriënterend gesprek.

De volgende dag kregen we bezoek van een kleine zachte man, met glanzend zwart haar en droeve bruine ogen. Op de punt van zijn neus bevond zich een klein rood bultje dat bij pasgeboren kuikens wel als de 'eitand' omschreven wordt. Hij overhandigde zijn visitekaartje en wist daarbij de indruk te wekken of hij mij een toegangsbewijs voor de hemelpoort verstrekte. 'Bruno Equi, Architecte D.L.P.G.' vermeldde de tekst. Hij droeg schoenen met spekzolen en hoorde zichzelf nogal graag spreken. De meest simpele vraag werd beantwoord met oeverloze uiteenzettingen doorspekt met volkomen irrelevante uitweidingen. Ik werd ongedurig en alras maakte zich een dodelijke vermoeidheid van mij meester: ik ben toch al niet zo'n stilzitter en ik had nog zoveel te doen! En hier zat ik mijn tijd te vermorsen, luisterend naar deze verwaande dwerg!

Inwendig moest ik huilen, maar ik bleef zitten en deed geduldig of ik het allemaal begreep. Zou D.L.P.G. 'Door Lang Praten Gekmaken' betekenen?

Na een dik uur te zijn doorgezaagd over alle bouwwerken die hij had verricht (voornamelijk elektriciteitshuisjes, met als hoogtepunt een openbaar toilet in Libourne), slaagde ik erin, door behendig gebruik te maken van een korte adempauze, het gespreksonderwerp op onze opdracht te brengen.

Zijn houding veranderde in resolute terzakekundigheid: we kwamen op zijn terrein.

'Een muur doorbreken? Pas de problème, monsieur!' Dat was zijn spécialité! De muur die hij niet klein zou krijgen, moest nog geboren worden. Waar stond dat machteloze wandje!?

Strijdvaardig piepte hij op zijn spekzolen de keuken door op weg naar de boosdoener. Voor de muur bleef hij staan, zette zijn handen krachtdadig in z'n zij en overzag met een veldheersblik het strijdtoneel. Zijn gelaat kreeg een frons van bezorgde rimpels en hij produceerde, door de lucht door zijn getuite lippen naar binnen te zuigen, een respectvol fluitgeluid.

'Oh là là...' Hij positioneerde zich in de lage deuropening, spreidde zijn armen en mat daarmee de dikte van de muur.

De uitkomst daarvan ontlokte weer een verrast fluitje, dit keer als van een neerstortend projectiel. Met een harige vuist beklopte hij de anderhalve meter dikke muur, keek ons bestraffend aan alsof het onze schuld was en zei: 'C'est pas rien! C'est pas rien du tout...!'

Na een wijdlopig betoog over draagvermogen, oppervlaktespanning, kwantummechanica en elektriciteitshuisjes, was zijn conclusie glashelder: bikken. Om het constructiepatroon van de muur te doorgronden, zo zei hij, moest op de locatie van de te creëren doorgang eerst het stucwerk weggebikt worden. Pas daarna zou hij een correcte diagnose kunnen stellen. Met dit soort jongens, verklaarde hij, terwijl hij de muur nogmaals beklopte, moest je geen risico's nemen.

'Gék, word ik van die man,' jammerde ik tegen Turf, nadat hij was weggepiept. 'Dit wordt een rámp! Laten we in godsnaam een ander bellen, maakt niet uit wie, als het maar niet hém is!'
'Geef die man een kans...' zei Turf sussend.
Die woorden zou zij nog lang en intens bezuren...

Inpakken en wegwezen. We laten de muur de muur, want we moeten terug naar Maartensdijk. Werk aan de winkel. Als we een maand later terugkomen, wordt ons bij het betreden van de keuken bijkans de adem afgesneden door de totaal onverwachte aanblik van een soort klimwand van ruwe stenen en keien. De hele keuken en alle meubels zitten onder een dikke laag kalkstof en de vloer is geheel bedekt met bergen puin.

Onze 'architecte D.L.P.G.' heeft alle muren over de gehele oppervlakte integraal van stucwerk laten ontdoen. Hier en daar bungelen wat naakte elektriciteitsdraden doelloos uit de steenmassa. 'Even opruimen en we kunnen een pizzeria beginnen!' grapt Turf nog in een soort shock.

'Mais c'est rustique, monsieur Gort!' is de gebelgde repliek van de in allerijl ontboden bouwmeester. 'Vous n'aimez pas?'

'Nou, nee, daar houden wij inderdaad niet van en u zou toch alleen het middenstuk afbikken om te kijken hoe de steenconstructie in elkaar steekt?' Nou alles goed en wel, maar eenmaal aan het bikken vond onze architect die oude stenen muur zo mooi rustiek, dat hij de hele muur, en ook maar meteen alle andere muren van stucwerk had laten ontdoen. Prachtig toch, zo'n ruraal bergeffect?

Ik bel Paul: 'Mag deze man als-je-blieft weg?'

Monsieur Moreau ziet de ramp aan, krabt scheef glimlachend onder z'n alpinopet en zegt geruststellend: 'C'est pas méchant.' Hij weet wel iemand: de eigenaar van een steenzagerij in een dorp hier niet ver vandaan.

Dezelfde middag nog krijgen we bezoek van een klein, maar zeer gespierd kereltje. Hij draagt een kort sportbroekje en een oranje T-shirt met de text 'Support your local nude beach'. Vrij lastig te lezen overigens, want de man is van top tot teen bestoven met wit poeder. Van zijn gympen via z'n harige benen tot z'n kruin. Spierwit. Alsof iemand een zak kalk over hem heeft leeggestort. Hij neemt mijn hand in een soort bankschroef en zegt boven het gekraak van mijn middenhandsbeentjes uit: 'Lunardelli, tailleur de pierres.'

De steenhouwer blijkt door monsieur Moreau naar ons gedetacheerd te zijn en komt even de plek des onheils in ogenschouw nemen. Als ie met me mee loopt door het kasteel, laat hij, als was hij een geest uit een oude horrorfilm, op de plavuizen een spoor van witte wolkjes na.

Bij de gewraakte keukenmuur leg ik hem uit wat we willen. Monsieur Lunardelli kijpt één oog halfdicht en neemt de kolossale muur met een peilende blik op. Dan haalt hij zijn schouders op: 'Pas de problème.' Heb ik een pen en een papiertje? Met verrassende zwier tekent de kleine zuiderling op de achterkant van een telefoonrekening een soort triomfboog van steenblokken waaronder een opening, groot genoeg om een hooiwagen door te laten. Met veel rollende erren en brede armzwaaien naar de muur legt hij uit dat hij, om ons kasteel voor instorting te behoeden, een houten ondersteuning zal bouwen. Daarna zal hij een ruime doorgang hakken en een solide boog van witte natuursteen aanbrengen die hij van tevoren in zijn atelier zal zagen.

'Et voilà!' zegt hij terwijl hij de telefoonrekening opvouwt en in de achterzak van z'n sportbroekje frommelt. 'Eind volgende week is het klaar.' Begrotingen, daar doet ie niet aan, maar hij schat de kosten op ongeveer zesduizend 'balles'.

'Met hoeveel man komt u?' vraag ik, 's mans ondermaatse postuur bezorgd opnemend. Hij produceert een soort braakgeluid en maakt met de zijkant van zijn hand een snijgebaar op keelhoogte.

'Personel? Jamais!! Ik werk altijd alleen, monsieur!' Hij geeft me een hand, waarbij de enige heel gebleven middenhandsbeentjes nu ook gebroken worden en vertrekt. Door het raam kijk ik het schonkige brandkastje peinzend na. Dan draai ik me om naar de anderhalve meter dikke kasteelmuur. Een ongelijke strijd. Hoe moet dit aflopen?

We blazen terug naar Maartensdijk. Er is werk aan de winkel. Het Franse reclamebureau Publicis heeft een internationale competitie uitgeschreven voor het componeren van een wereldwijde tune voor Nescafé. Men heeft deze mega-opdracht neergelegd bij de beste reclamecomponist van New York, bij de beste reclamecomponist van Parijs, bij de beste reclamecomponist van Londen. En bij mij, de beste van Maartensdijk.

Maar ik ben veel te laat. Ik heb nog precies één dag om mijn bijdrage op tijd bij het reclamebureau te krijgen.Verlamd door faalangst ga ik achter m'n piano zitten en speel het eerste de beste deuntje dat in me opkomt. Nee! Nee! Dat kán niet goed zijn! Dit is nix! Overnieuw! Maar er is geen tijd voor getwijfel. Ik neem het in een minuut gecomponeerde niemendalletje op, voeg er een baslijntje en een drumpartijtje aan toe en bel studiozangeres Jody Pijper om het in te zingen. Koeriertje gebeld en diezelfde avond nog ligt de cd met de demo op het hoofdkantoor van Publicis in Parijs.

Een week later worden we gebeld: 'U heeft gewonnen'. De Nescafémuziek loopt nu over de hele wereld in honderdzestig landen en nog steeds maak ik in opdracht van diverse buitenlandse reclamebureaus nieuwe arrangementen op mijn eigen compositie.

Zes weken nadat de laatste panfluitklanken verwaaid zijn, staan we oog in oog met de trots van monsieur Lunardelli. De kleine Italiaanse steenhouwer heeft tutti solo een doorgang in de muur gecreëerd die wat mij betreft tot de zeven wereldwonderen mag behoren: een stralend wit gestucte muur lacht ons tegemoet. In het midden een ruime opening met een boog van glad gehouwen ivoorblanke natuursteen.

Wat een pracht! Nooit meer vallende schalen of door de keuken rollende piepers. Het is een reus, deze kleine Romein. Nu begrijp ik hoe ze ooit het Colosseum hebben kunnen bouwen en de Trevi-fonteinen. Deze nijvere mediterranen staan voor niets!

We betalen Lunardelli à contant en nodigen hem en zijn vrouw uit 'pour l'apéro'.

Als ik de zaterdagavond daarop de voordeur open, moet ik twee keer kijken voor ik de man herken die daar in het maanlicht voor me staat. Dat kleine, wit bestoven mannetje in z'n sportbroekje is veranderd in een gesoigneerde heer in een onberispelijk zijden maatkostuum. Aan zijn arm een voluptueuze Italiaanse schoonheid die hij als 'Ma femme...' introduceert.

Met een sierlijk gebaar reikt ze mij een kleine lelieblanke hand en een vleugje sensueel parfum streelt mijn neusgaten. Het is een grote romige vrouw met krullend zwart haar golvend over de schouders en een brede mond met een parelende lach. Lunardelli's zaken gaan ondanks zijn bescheiden tarieven kennelijk niet slecht, want zijn vrouw is behangen met dikke massief gouden sieraden.

Het werd een lange, vrolijke avond waarbij een aantal mooie wijnen zijn gesneuveld en ik, als ik het me wel herinner, nog een rijtje 'bonnes adresses' heb overgepend, want monsieur Lunardelli bleek ook nog eens een fijnproever en een 'connaisseur' van de Franse keuken. Hij kende met naam en toenaam alle goede restaurants uit de wijde omtrek en gaf ons met opvallend gevoel voor detail strikte instructies waar te gaan eten en welke gerechten we daar beslist wél en beslist níet moesten proberen.

Ridder

Confréries zijn broederschappen van château-eigenaren en wijnboeren. Ze maken deel uit van eeuwenoude Franse tradities. Veel wijndorpen hebben hun eigen confrérie. Het lidmaatschap ervan wordt, in weerwil van de enigszins potsierlijke kledij, zeer serieus genomen. Er zullen ongetwijfeld diepere betekenissen en functies aan ten grondslag liggen, maar vandaag de dag doen de confrérieleden niet veel meer dan op bepaalde feestdagen in lange fluwelen gewaden door het dorp paraderen. Daarna gaat het zo snel mogelijk naar de 'salle des fêtes' alwaar aan lange tafels de rest van de avond gevuld wordt met overvloedig eten, veel wijn drinken en luidruchtig door een microfoon zingen.

Bij uitzondering wordt af en toe een buitenstaander opgenomen in de broederschap. Met langdurige speeches en een maximum aan ceremonieel vertoon wordt men daadwerkelijk tot ridder geslagen. Soms met een gouden sabel; in de wat eenvoudiger ordes voltrekt de plechtigheid zich middels een ritueel tikje op de schouder met een wijnstok. De inaugurant krijgt vervolgens een rood pluchen mantel omgeslagen en er wordt hem een certificaat met veel lakstempels en krulletters overhandigd. Daarna is men Ridder in de orde van de desbetreffende confrérie.

We hadden ons château nog maar een half jaartje toen we werden uitgenodigd om toe te treden tot de plaatselijke 'Confrérie de Saint Romain La Virvée'. Op een woensdagmiddag zouden we op het château van de Comtesse de Preuillac geballoteerd worden of wij wel door hun beugel konden. Turf had zich er mooi voor aangekleed, maar de oogst stond voor de deur, er moest van alles gebeuren en ik was druk bezig in de wijngaarden. Een gestage regen daalde al de hele dag neer en ik was die hele ballotage straal vergeten. Turf kwam me luid toeterend met haar gedeukte oude eend uit de wijngaarden halen, we waren veel te laat, dus kwamen we hotsend en knotsend door hoog opspattende plassen water aansjezen over het chique grindpad van het Château de Preuillac.

Even later stonden we in de hoge marmeren hal van het deftige kasteel. Na een minuut of tien wachten mogen we onze opwachting maken. De zware deuren zwaaien open en we worden aangekondigd: 'Monsieur et Madame Gort du Château de la Garde...!'

Een lakei leidt ons binnen in een deftige salon d'honneur. Verbaasd blikken we om ons heen naar het zilver, het kristal en de antieke schilderijen in krullijsten. Waar eerst nog vrolijk geroezemoes had weerklonken valt nu een doodse stilte.

Op Louis de Dikke-stoeltjes met hele dunne pootjes zitten in een kring de leden van de confrérie ons misprijzend op te nemen. Daar sta ik in een gescheurde spijkerbroek en een ouwe waxcoat, m'n snoeimes nog in de hand, uit te lekken op het Perzische tapijt. Er wordt stijfjes naar ons geknikt en langzaam komen de gesprekken weer op gang. De gravin, een volumineuze dame in een puddingkleurige jurk, zit in het midden van de kring, op een grote goudbekrulde fauteuil met paarse kwastkussens. Ze heeft een kunstig hoog kapsel van geblondeerde krullen. Haar gezicht lijkt vervaardigd uit bleek deeg waarop de wenkbrauwen zorgvuldig zijn verwijderd en vervangen door scherp afstekende zwarte potloodstreepjes. Haar dunne lippen zijn roze gestift.

Als we binnenkomen wil ze net een slokje thee nemen, maar in die beweging is ze halverwege bevroren. Ze houdt het kopje onbeweeglijk ergens halverwege het opgeheven schoteltje en haar mond en observeert ons met de blik van een komodovaraan.

Een van de leden staat op om ons voor te stellen aan de gravin. Vlug frommel ik het snoeimes in m'n zak. Ik voel dat ik iets moedigs moet doen en met het water klotsend in mijn rubberlaarzen doe ik een stap naar voren en maak een buiging:

'Bonjour, madame la Comtesse, enchanté, je...' Maar door de buiging glijdt het zware snoeimes uit m'n zak en valt met een klap op een bijzettafeltje vol kristallen karaffen, twee van de grootste exemplaren in een wolk van scherven versplinterend.

Nou, we vielen niet helemaal in de pul, geloof ik. Heel beleefd en heel correct werd er een stiefkwartiertje geconverseerd, de lakei serveerde op een zilveren schaal wat taaie toastjes met ranzig opgekrulde zalm, maar toen mochten we wel weg. We voelden de bui natuurlijk al hangen: Turf had met haar stralende verschijning direct aller harten gestolen, maar die kletsnatte vagebond wilden ze maar liever niet in hun club hebben! Een dag later kregen we een beleefd briefje: Hartelijk dank en tot nooit meer ziens....

'Wat doen jullie zaterdagavond de tweeëntwintigste?' belt Paul mij op. Hij nodigt ons uit voor een galadiner van het 'Maison du Vin' in Bordeaux. Nou houden wij niet zo erg van galadiners, bovendien hebben we genoeg te doen hier in Maartensdijk. Maar 'Maison du vin' en 'Bordeaux', klinkt verlokkend. Dus kopen we twee vliegkaartjes en zaterdagochtend 11:00 uur arriveren we op vliegveld Merignac in Bordeaux. Wij wel. Maar onze koffers niet. En daar zit al onze galakleding in.

'Pas de problème,' zegt de Bagage Claim-mevrouw, 'uw koffers staan in Parijs. U kunt ze morgen einde middag hier ophalen.' Heel fijn, maar dat galadiner, dat is niet morgen, dat is vanavond!

'Elk nadeel heb ze voordeel,' lacht Turf, 'want nu mogen we allemaal nieuwe kleren gaan kopen. Dit keer heb ik namelijk echt niks om aan te trekken! Kom op! Naar het winkelhart van Bordeaux! Laat róken die creditcard!'

Er volgt een slopende martelgang langs zo ongeveer alle kleding- en schoenenwinkels van Bordeaux en beladen met draagtassen en pakjes struikelen we om zes uur 's avonds de lobby van Hotel du Commerce binnen. Op de kamer gaan we aan de slag: Turf met naald en draad, ik met veiligheidsspelden en plakband om de zojuist aangeschafte galakleding enigszins op maat te krijgen.

Als Paul ons een uurtje later komt halen, zijn we klaar voor de strijd. Turf heeft met behulp van een aantal eenvoudige kledingstukken een vernuftige haute couture-creatie weten te assembleren en ze ziet er verrukkelijk uit. Zelf voel ik me, in mijn inderhaast te ruim bemeten zwarte pak, geboren in een verkeerd lichaam. Paul kust Turf enthousiast op beide wangen, drukt mij aan z'n borst en we stappen in zijn Peugeot die met draaiende motor voor de deur staat.

'Het is vanavond een bijzondere avond,' vertrouwt hij ons toe, 'want het galadiner is ter ere van het feit dat er een nieuw lid wordt geïntroniseerd in de 'Confrérie de Bordeaux et Bordeaux Supérieur', een van de belangrijkste confréries van Frankrijk.'

Lichtelijk opgewonden komen we aan in het Maison du Vin. Een verwachtingsvol geroezemoes weergalmt tegen de hoge muren en de grote zaal vult zich langzaam met honderden in galakleding gestoken wijnbobo's.

Op het podium in het midden van de zaal staan de twaalf 'Maîtres' in scharlaken fluwelen mantels.

Paul trekt me aan m'n mouw: 'Kom!,' fluistert hij, 'naar voren!' Een van de maîtres stapt naar de microfoon en begint een welkomstspeech. Daarna kondigt hij de intronisatie van een nieuwe ridder aan.

'Het is een bijzonder mens, een voorbeeld voor ons allen, een ware trots voor Frankrijk...' en zo nog een tijdje door. Dan ontrolt hij plechtig een document, kijkt even fronsend in het perkament, richt zich weer tot de zaal en annonceert met bronzen stem: 'Monsieur Ilja Gort.'

Van schrik laat ik een keiharde wind en ik moet met kracht een acute neiging tot vluchtdrift onderdrukken. Dan zie ik naast mij de breed grijnzende tronie van Paul en ik besef: de boef heeft mij stiekem voorgedragen! Turf springt gierend van de lach in m'n armen en kust me vol op de mond. Zij heeft het dus ook al die tijd geweten!!

Als ik op het podium sta, is mijn voornaamste zorg dat het plakband waarmee m'n veel te lange broekspijpen zijn ingekort het houdt. In gebroken steenkolenfrans begin ik hakkelend aan een geïmproviseerd dankwoord.

Dan wordt mijn aandacht getrokken door een bekend gezicht in het publiek: het is de Comtesse de Preuillac, het hoofd van onze dorps-confrérie! Haar ogen puilden uit toen ze ons daar tot ridder geslagen zag worden. 'Parbleu... les Hollandais! Hoe kon dát nou...!' En nog wel in een van de hoogste confréries! Hierbij vergeleken is haar eigen, toch zo gewichtig gevonden confrérie, maar een kleuterklasje...

Ze draaide zich om en schreed met opgeheven hoofd naar de uitgang. Later hoorden we dat zij, eenmaal buiten, zich zo snel als ze kon terug naar het dorp heeft gehaast om het grote nieuws te verspreiden.

Enfin, nog geen week later plofte er een deftige, handgeschepte brief in de bus: 'Chers Amis...:' met veel strijkages werden we uitgenodigd om erelid te worden van de 'Confrérie de Saint Romain La Virvée'. Zonder ballotage dit keer.

Nou ja, vooruit dan maar weer, sans rancune...

Contrôle

Ideetje: we bottelen honderdduizend flessen Algerijnse wijn van 'n kwartje de liter. Daar plakken we etiketten op met heel groot 'Bordeaux Supérieur' en hup: verkopen die hap! Tientje de fles. Makkie!

Jammer maar helaas: That goes not. Daar wordt op gelet. En wel door het INAO: het 'Institut National des Appellations d'Origine'. Een Franse overheidsinstelling voorzien van een leger vreeswekkend strenge controleurs, die dagelijks alle wijnproducenten controleren. Om de kwaliteit te waarborgen is binnen de AOC een maximum te oogsten hoeveelheid per hectare wettelijk vastgelegd. Oogst een boer stiekem meer dan is toegestaan? Lengt hij z'n wijn aan met een plons overschot van de buurman? Klop, klop, klop. Mogen we even in uw vaatjes kijken? Terriers zijn het. De bewakers van de 'Appellation Contrôlée'. Maar toch ben ik blij dat ze d'r zijn; het is de enige manier om de herkomst en de kwaliteit van een wijn te waarborgen.

Ook wij zijn het slachtoffer geweest van een inval van de bloedhonden van de INAO. In een nimmer eindigende haarkloverij werd de boekhouding uitgeplozen tot op de laatste post-it stickie en moesten Paul en ik tijdens urenlange verhoren tot in de kleinste details verantwoording afleggen. Ondanks wekenlang administratief graaf- en spitwerk vergezeld van nietsontziend geestelijk molest, werd het onderzoek afgesloten zonder dat er onregelmatigheden werden aangetroffen. Enigszins teleurgesteld leek het wel, verlieten de inspecteurs ons château.

Weken daarna, op een zaterdagochtend, kwam er een Peugeot 509 het pad op knerpen. De man die uitstapte herkende ik ternauwernood als een van de twee INAO-inspecteurs die ons het leven zo zuur gemaakt hadden, want er had zich een verrassende persoonlijkheidsverandering voorgedaan: de gemelijke achterdochtige diensthond was veranderd in een hartelijk en joviaal privépersoon. De man putte zich uit in verontschuldigingen voor de ons aangedane overlast, die bovendien zo overduidelijk ten onrechte was; dat had hij al van meet af aan gezien. Eigenlijk was het allemaal de schuld van zijn collega Bernard. Die bezat, zo wilde hij me wel verklappen, in tegenstelling tot zijn eigen warmbloedige karakter, een puriteinse inborst. Bernard was een zwartgallige lijntrekker wiens enige levensvreugd bestond uit het verbeten naleven van de regelgeving. Het was dan ook Bernard, zo zei hij, die er halsstarrig in had volhard het onderzoek tot het bittere einde toe door te zetten. Nogmaals: volgens hemzelf geheel ten onrechte. Temeer, zo complimenteerde hij me, omdat mijn wijn een product was waar Frankrijk trots op mocht zijn. Nu wilde het toeval dat hij de volgende dag een verjaardag zou hebben en het zou hem een eer en een genoegen zijn als hij een doosje van onze voortreffelijke millésime '98 zou mogen kopen. Hij zou contant betalen en een factuur was niet nodig…

Gevleid liep ik naar het kantoortje en belde Paul om te vragen waar de wijn voor de losse verkoop stond. Ik maakte hem deelgenoot van mijn blijdschap dat er toch in ieder mens wel iets goeds school, en vertelde hem over de persoonsverandering die was opgetreden in de zieleborst van onze voormalige bloedhond.

Paul ontplofte zowat : 'Maak een factuur, Ilja!!!' brulde hij in mijn oor. 'Dit is een val!! Maak absoluut een factuur! En niets weggeven, nog geen kurk!!' Dat was de zoveelste keer dat die lieverd mijn huid redde.

De hangar

We hadden een wijnchâteau en ik voelde me bij vlagen al een hele wijnboer. Ik hoefde niet direct toegelaten te worden tot de Olympus der wijnboeren, maar wel waren we vastbesloten om de beste wijn van heel Bordeaux te gaan maken. In zalige onwetendheid over de onmetelijke investeringen die zulks vergt, hadden wij ons welgemoed aan de verwezelijking van deze ververwijderde droom gezet. Afgezien van alle wijntechnische innovaties die we daartoe voor elkaar aan het boksen waren, kwam nu ook het probleem van de opslag om de hoek kijken.

De vorige eigenaar kende dat probleem niet. Hij verkocht z'n wijn in bulk. Een paar maanden na de oogst kwam er bij hem een grote tankwagen het terrein oprijden, dikke rode ribbelslangen werden uitgerold en aan de gistingtanks gekoppeld. Met een oorverdovend geslobber werden de cuves vervolgens één voor één leeggezogen. Daarna verdween de gevulde tankwagen weer over de heuvel, naar een bottelingsbedrijf in Libourne die er huismerkbordeaux voor de supermarkten van brouwde.

Hoewel bulkwijn maken boekhoudkundig tot een bevredigende balans leidt, verschaft het de maker weinig vreugde en dat strookte in het geheel niet met onze ideeën over het wijnboerschap. Het is immers veel leuker om je eigen naam op een fles te zien staan, zeker als je daar ook nog 'ns schouderklopjes voor krijgt.

In '94 konden we met onze eerste oogst veertigduizend flessen vullen. In '95 waren dat, door onze voortdurende verbeteringen aan de wijngaard, alweer zestigduizend flessen, en dat zouden er in '96, als de goden een beetje meewerkten, best 'ns zeventigduizend kunnen worden. Die leg je niet onder de vloer in de kruipruimte. Daarenboven leek het mij prettig als we bij toekomstige verkooponderhandelingen niet gehinderd zouden worden door de dwingende noodzaak van een totale leegverkoop om ruimte te scheppen voor een naderende nieuwe oogst. Dat is, in tegenstelling tot bijvoorbeeld de teelt van aardbeien, een van de mooie eigenschappen van ons product: je kunt het lang bewaren. Het wordt alleen maar meer waard. Er moest dus, zoals de Fransen dat noemen, een 'hangar' komen, een opslagloods. En niet zo'n kleintje ook.

Dat noopte ons helaas wel tot samenwerking met een der ijdelste specimina van de menselijke soort: de architect. Ego's zo groot als kathedralen en altijd maar bezig om van jouw centen hun koekoeksei in jouw nest te leggen. Vréselijk! Nóg word ik 's nachts wel zwetend wakker bij de herinnering aan de discussies met onze 'architecte D.L.P.G.' op z'n piepschoenen, die indertijd onze geliefde keuken bijna gesloopt had. Die zou het dus zeker niet gaan worden. Maar wie dan wel? Waar vindt men een pragmatisch redenerend architect? Een contradictio in terminis!

Paul zette zich aan de bakelieten kasteeltelefoon in mijn bureau en belde wat rond in zijn netwerk. Na een kwartiertje kwam hij de keuken weer in met een naam: Claude Duboudin, volgens Pauls zegsman een bekwaam architect onder wiens leiding al vele hangars waren verrezen. Hij had ondere andere gewerkt voor Jean Paul Moeix, een van de belangrijkste wijnbobo's uit de streek. Paul stelde voor Duboudin direct maar uit te nodigen, maar ik wilde, wijs geworden, deze gegadigde liever eerst 'ns in zijn eigen omgeving observeren.

We bellen en maken een afspraak op zijn bureau in Libourne. Dat blijkt gehuisvest in de etalage van een voormalige schoenenzaak waarvan, teneinde zijn bezigheden aan het oog van het winkelend publiek te onttrekken, de ruit met stroken halfdoorzichtig plakplastic is geblindeerd.

Monsieur Duboudin blijkt een enorme man, die vrijwel geheel bedekt is met dik zwart haar. Hij draagt een gestreken wit overhemd met halve mouwen waar dikke behaarde armen uitsteken en ook uit de halsopening wolken bossen zwart krulhaar.
Als hij mij een hand als een kolenschop schudt, schemert ergens

tussen de dichte beharing op zijn pols de glinstering van een dikke gouden Rolex.

'Asseyez-vous, messieurs,' zegt hij joviaal en wuift naar een veelgebruikte ietwat vettige tweezitsbank. Zelf stapt hij met zware passen op een speciaal vervaardigd podiumpje, dat precies zijn bureau-unit kan bevatten en laat zich met een kreun van verlichting in de lederen draaistoel zakken. Paul zet uiteen waarvoor wij gekomen zijn.

'Un hangar? Pas de problème! C'est ma spécialité!' buldert hij met een stem die de etalageruit doet trillen. Hij graait in een la en toont ons kleurenfoto's van diverse hangars. Weldra onstaat tussen de architect en Paul een geestdriftige woordenwisseling over de do's and don'ts van het hangarbouwen. Ik kijk uit het raam en wissel blikken met de winkelende dames. Uiteindelijk wordt er afgesproken dat we de volgende dag gezamenlijk een aantal van zijn bouwwerken zullen gaan bezoeken.

Als eerste neemt de bouwmeester ons mee naar een immens wijnpakhuis van de firma Moeix. Gedrieën lopen we door de hoge galmende hal. Terwijl de breed gesticulerende architect luidruchtig in mijn oor toetert over zijn knappe kruisnokverbindingen, denk ik meesmuilend: 'tja, vier muren en een dak. Dat lijkt me ongeveer wat je van een pakhuis mag verwachten...'

Maar er blijkt toch meer te zijn. Op de vloer voor de ingang is een grote aardewerken plavuis in de vloer aangebracht waarin de afdrukken van twee paar handen en in gebeeldhouwde letters de tekst: 'In naam van onze eeuwigdurende liefde.' Mijn interesse is gewekt en ik informeer naar de achtergrond van deze onverwacht idyllische geste. Zwellend van trots legt monsieur Duboudin uit dat dit een ideetje van hemzelf is; een cadeau van hem aan de opdrachtgever. Alleen, klein pechje, de heer Moeix ligt op dit moment in scheiding en heeft Duboudin zojuist met klem verzocht de tegel ten spoedigste uit de vloer te verwijderen, want hij ergert zich er dagelijks aan.

Verspreid over de regio bezoeken we die dag nog een zestal min of meer identieke opslagruimten. Dan heb ik het wel gezien en nemen we afscheid van monsieur Duboudin.

'Ik heb een idee,' zeg ik op de terugweg in de auto tegen Paul, ‘we zouden toch nog een achteringang in onze chai maken? Waarom laten we dat niet door Duboudin doen, bij wijze van proefopdracht! Dan kunnen we zien hoe hij is, in het gebruik.’

‘Bonne idee,’ beaamt Paul en aldus geschiedde.

Zo’n oud kasteel is als een levend organisme. Generaties lang brengen steeds nieuwe bewoners allerlei veranderingen aan. De achtermuur van de chai is dan ook een lappendeken van dichtgemetselde deuropeningen en opgevulde ramen. Op een zonovergoten zaterdagochtend hebben we rendez-vous met monsieur Duboudin teneinde de mogelijkheden voor de te creëren achteringang te bekijken.

Paul en ik buigen de hoog opgeschoten laurierstruiken voor de muur opzij en onderwerpen de constructie aan een onderzoek. In afwachting van de komst van de architect, beginnen we alvast op de plek waar de achterdeuren zijn geprojecteerd, het stucwerk te verwijderen. Dat gaat vrij gemakkelijk; grote stukken kalk vallen stuivend uiteen op de rotsachtige grond. Tot onze grote verrassing komt er na een half uurtje steken een volledig intacte boog van gebeeldhouwde steenblokken onder het pleisterwerk vandaan. ‘Château de la Garde 1731’ staat er met sierlijke letters in het steen. De deuropening daaronder is groot genoeg om een tractor door te laten en zit, hoewel dichtgemetseld, precies op de goede plek.

Hoestend veeg ik het stof uit m’n ogen en roep tegen Paul: ‘Kunnen we niet beter monsieur Lunardelli, de steenhouwer, bellen? Die heeft dit klusje in no time geklaard!’

‘Neee…,’ antwoordt Paul, ‘we kunnen nu niet meer terug, we hebben het nu al aan Duboudin vergeven. Dit soort dingen ligt heel gevoelig bij architecten. Bovendien,’ vervolgt hij, ‘moet er, als de deuren er straks weer inzitten, ook een laadplatform worden aangebracht en dat is specialistenwerk.’

‘Is het mooi geworden?’ roep ik hoopvol. Maar Pauls antwoord wordt overstemd door het oorverdovende gekraak van m’n mobiele telefoon. Dan valt de verbinding helemaal weg. Een paar uur later rijden we het pad naar ons château op. Door intensieve reclamemuziekproducties in Maartensdijk hebben we ons geliefde kasteel zes weken niet kunnen zien, maar nu zijn we weer terug. De werkzaamheden aan de heropende deur en het laadplatform zijn intussen voltooid en we zijn razend benieuwd naar het resultaat. Als we de laatste bocht ronden slaak ik een schelle kreet van afgrijzen.

De prachtige door zon en tijd verweerde kasteelmuur van handgehouwen zandgele natuursteen, wordt geheel en al aan het oog ontrokken door een loodgrijze betonwand, waarop haaks een soort anti-tankwal is aangebracht die zeker vier meter de oprijlaan in steekt. Ik stop de auto. Zwijgend stappen we uit. Met stomme verbazing nemen we deze kruising tussen de Berlijnse muur en de Atlantic wall in ogenschouw. Heel zachtjes fluister ik één enkel woord. Ik sluit mijn ogen, knijp ze stevig dicht en doe ze langzaam weer open. Maar de grijze muur is er nog steeds. Ik voel een brok in mijn keel opkomen.

De natuurstenen boog met de inscriptie uit 1731 is verdwenen. Op die plaats bevindt zich nu een rechte ruw betonnen balk die als een abjecte grijze puist uit de muur vloekt. In mijn hoofd vechten machteloosheid en moedeloosheid om de eerste plaats.

'Nou,' stamelt Turf onthutst , 'we kunnen nu in ieder geval de deurwaarder buiten houden.'

De verontwaardigde bouwmeester verklaarde korzelig dat de stenen boog zijns inziens onvoldoende was om het gewicht van de muur erboven te torsen en daarom vervangen moest worden door een betonnen balk. De stutmuur van gewapend beton die dwars in de oprijlaan stak, was de oplossing die hij verkozen had om ons kasteel voor instorting te behoeden. Verder begreep hij niet waar ik zo'n drukte over maakte.

Een half jaar later is er niets meer van te zien. De deuren onder de nieuwe stenen boog staan wijd open, de zon schijnt naar binnen en Philippe is bezig de geurige nieuwe eikenhouten vaten die zojuist bezorgd zijn, de cuverie in te rollen. De architect heeft na verhitte discussies en dreiging met juridische repercussie onder groot misbaar zijn vernielingen hersteld en we zijn als goede vijanden uit elkaar gegaan.

Le Quartier Rosé

'Ilja, zo kan het niet langer,' zegt David en schenkt me nog een glas rosé 'La Tulipe' in. 'Als jij deze rosé op deze kwaliteit wil houden moeten we uitwijken.'

Ik kijk hem niet-begrijpend aan en hij vervolgt: 'We zijn begonnen met twintigduizend flessen rosé. Het jaar daarop maakten we veertigduizend flessen en dit jaar wil je er tachtigduizendmaken?!'

'Nee hoor!' roep ik energiek 'Honderdduizend!'

'Oké, Oké, maar in dat geval moeten we naar Jean-Daniël.'

Die middag zetten we onze plannen uiteen aan Jean-Daniël, de directeur van een van de modernste 'Caves Coöpératives' in de Bordeauxstreek. Een kleine, zwijgzame man, die ik nog nooit anders heb gezien dan in de halflange blauwe stofjas waarin hij vermoedelijk ook te bed gaat.

Hij heeft de beschikking over vinificatieapparatuur die ik zelfs in mijn stoutste dromen nimmer zal kunnen bekostigen. Het nieuwste van het nieuwste. Thermo-gereguleerde cuves, uitgebreide computergestuurde analyseprogramma's, alles digitaal gecontroleerd. Bij hem willen we onze rosé gaan vinifiëren, want zowel onze druivenopbrengst als onze vinificatieapparatuur is niet meer toereikend om de topkwaliteit die we nu bereikt hebben, te kunnen blijven garanderen. Ik weet uit eigen ervaring wat een zeperd het is als je een wijn koopt die je heerlijk vindt, maar die het in een nieuw oogstjaar opeens nét niet blijkt te zijn. Heel vervelend, zeker als je er in blind vertrouwen een aantal dozen van hebt ingeslagen.

Wijn is een natuurproduct dus er zullen altijd verschillen in oogstjaren blijven, maar bij rosé kun je die, als je het goed doet, tot een minimum beperken. Daarom willen we ieder jaar exact dezelfde rosé maken. Zodat, als je die rooie tulp van ons uit het schap plukt, je er zeker van kunt zijn dat je een fles heerlijke wijn te pakken hebt.

We worden het eens met Jean-Daniël en de daaropvolgende maanden wordt alles bezegeld. De karakteristiek van onze rosé wordt tot in de finesses geanalyseerd en vastgelegd in de computer. Zelfs de kleur, die ik heel belangrijk vind, wordt nauwkeurig ontleed en ingeput, zodat we ook daar geen ongewenste verrassingen krijgen. Maandenlang maken we tochten door de omgeving en sluiten contracten af met wijnboeren die wij geschikt achten om extra druiven aan ons te leveren. Zij krijgen van ons een blauwdruk voor de behandeling van hun wijngaarden, waarbij wij aan het einde van het jaar de vrijheid houden om alleen hun beste druiven af te nemen.

Maar ja, nieuwe mensen, nieuwe meningen. Jean-Daniël, en met hem een hele stoet andere wijnexperts, begrijpt er niets van dat wij onze rosé van voornamelijk Merlotdruiven vinifiëren.

'Monsieur Gort, ik adviseer u met klem om meer Cabernet te verwerken. Dat geeft body aan een wijn!'

Dat vergde dan weer heel veel tact, want body kan een wijn log maken en ik wil juist het lichtvoetige, fruitige karakter van onze rosé optimaliseren. Bovendien: Merlot is mijn lievelingsdruif! Sowieso is hij drie weken eerder rijp dan de Cabernet, waardoor je altijd mooi rijp kunt oogsten en ik vind 'm heerlijk! Het is zo'n smakelijke, zachte, fruitige liefdesdruif...

In tegenstelling tot al die goedbedoelde adviezen, wilde ik juist méér Merlot gaan toepassen. Hoofdschuddend lieten ze ons begaan. 'Ils sont fous, les Hollandais...'

Maar het is allemaal goed gekomen. Zeker nadat we de ene na de andere prijs wonnen met onze rosé, zijn we de beste vrienden geworden met Jean-Daniël en zijn equipe en inmiddels hebben we in hun Cave ons eigen gedeelte dat, mede door onze met roze stickers beplakte cuves, door hen spottend maar toch met respect 'Le quartier rosé' genoemd wordt.

Voor rode wijn werkt dat allemaal anders. Zeker voor de onze. Daar willen we inderdaad veel body aan geven en dan is de Cabernet een graag geziene druif. Op kadastrale kaarten van honderden jaren geleden hadden we gezien dat onze wijngaard is verdeeld in ongeveer twintig verschillende perceeltjes van zo'n halve hectare. In krullerige letters staan ze op de antieke kaarten omschreven als 'La Source', 'Le Triangle', 'La Virvée', 'Le Plateau' en 'Le Figuier', hoewel de vijgenboom die daar ooit stond al eeuwen geleden is omgewaaid. Al die miniwijngaardjes hebben allemaal hun eigen unieke bodemstructuur en microklimaat. Daar zijn we gebruik van gaan maken. We zijn ieder perceel apart gaan bewerken ‘à l’ancienne’.

Onze landbouwapparatuur hebben we laten aanpassen om de wortels van de wijnstokken niet te beschadigen. Want een wijnplant is als een ijsberg: het meeste gebeurt onder de grond; daar zuigen meterslange wortels de voedingsstoffen uit de grond. Hoe harder zo’n plant moet werken, hoe geconcentreerder de smaak van de wijn. Daarom gebruiken we geen kunstmest meer. Integendeel: we zijn juist bezig om gras in te zaaien tussen de wijnranken, dat we, om het sterk te maken, ook nog eens regelmatig maaien. Zo heeft de wijnplant concurrentie en moet harder werken. Waardoor hij sterker wordt. Beter bestand tegen ziektes, beter bestand tegen langdurige droogte en hij herstelt zich sneller na een hagelbui. Dus gebruiken we bijna geen bestrijdingsmiddelen meer en dan alleen nog organische.

Een vorm van botrytis, een nare druivenziekte, bijvoorbeeld, wordt veroorzaakt door vlinders die hun eitjes in de druiven deponeren waarna de larven hun vernietigende werk in de druif starten. Bij de vorige eigenaar was gif het enige antwoord op dit onheil, maar wij gaan deze plaag te lijf middels de ‘confusion sexuelle’. In de druivenstruiken worden plastic capsules met lokstof van de damesvlinder gehangen. De herenvlinder raakt in verwarring: zijn neus is vervuld van de zoete, sensuele geur van wulpse vrouwtjesvlinders, maar hij kan ze nergens vinden. Steigerend van wellust vliegt de amoureuze herenvlinder heen en weer tussen de druivenstruiken, om zich ten slotte in opperste staat van seksuele opwinding hijgend op zo’n met lokstof gevulde hardplastic capsule te storten, teneinde die ’ns even een stevige beurt te geven.

Daarbij breekt hij zijn pik en is verder uitgeteld.

We beschermen onze wijnplanten dus goed, maar we teisteren ze ook: zodra de eerste trosjes druiven beginnen te groeien, knippen we meteen een gedeelte van de druiven af. Daar gaan we mee door tot vlak voor de oogst. Een wijnstruik plant zich voort met z’n druiven. Als je zijn druiven eraf knipt, knip je in feite z’n kinderen eraf. En omdat een wijnplant, net als wij, eigenlijk maar één ding wil, namelijk zich voortplanten, gaat ie extra voedingsstoffen aanmaken. Maar al dat lekkers dat ie begint te produceren komt ten goede aan slechts de helft van het aantal trossen dat hij normaal zou moeten voeden. Dus die overgebleven druiven worden extra geconcentreerd, superlekker en beresterk. Ziektes of enge beestjes krijgen veel minder kans tegen deze commandodruiven.

Zo komt het dat er, als de oogst nadert en bij de buren de struiken doorbuigen onder het gewicht van wel dertig trossen, de zachte herfstbries bij ons door vrijwel ledige struiken blaast. Daar hangt nog maar een trosje of zes per struik. Maar die zijn dan ook lèkker!!!

Een passerende wijnboer bleef eens stomverbaasd stilstaan bij het aanschouwen van onze wijngaard. Al krabbend schoof hij, met een niet-begrijpende uitdrukking op z'n gezicht, de pet naar achteren. 'Mon Dieu! Qu'est ce que c'est ?!' Hij zakte iets door de knieën en blikte vorsend door onze vrijwel ledige vignoble. Toen viel zijn blik op de lange rijen afgeknipte rijpe druiventrossen die op de grond lagen.

Hoofdschuddend kwam hij weer overeind en tikte met een vinger tegen z'n voorhoofd: 'Ils sont fous, les Hollandais...'

De vierde makker

Het was vroeg in de ochtend en het hele kasteel sliep nog. Maar ik niet. Bij het krieken van de dag was ik opgestaan om in de wijngaarden te werken. Ik vind het heerlijk om in de stilte, geaccentueerd door het gezang van de vogels, in de prille ochtendzon tussen de wijnstokken te scharrelen. Ik knipte blaadjes weg die druiventrossen het zonlicht benamen. Ik snoeide te lange uitlopers kort en knipte rotte en onrijpe druiventrossen ertussenuit.

Na urenlange kniparbeid had ik zes wijnstruiken klaar. Moeizaam kwam ik overeind, masseerde kreunend mijn pijnlijke rug en keek achter mij. Het gevoel alsof ik met spoed een hernia-operatie moest ondergaan werd verdrongen door de trots die opwelde bij de aanblik van het zestal zojuist door mij gekortwiekte wijnstokken. Hoe schoon en kwiek stonden ze daar vrijwel bladloos in de ochtendzon. Dan wendde ik de blik weer naar voren en overzag de zacht glooiende heuvel bedekt met een oceaan van tienduizenden wijnstokken die mij sardonisch toeritselden. Het was duidelijk dat deze arbeid, hoe goedbedoeld ook, een louter therapeutische functie had. Daarbij kwam dat ik het helemaal fout deed.

Toen Papi mij op een ochtend bezig zag in de vignobles, kwam hij naderbij. Met gefronste wenkbrauwen monsterde hij de wijnstruik die ik aan het mishandelen was. Daarna observeerde hij de verwoestingen die ik in de rij wijnstokken achter mij had aangericht.

Toen richtte hij vanonder zijn borstelige grijze wenkbrauwen z'n twinkelende oogjes op mij en schudde meelevend zijn hoofd: 'Attention, monsieur Gort,' zei hij, 'uw intenties zijn goed, maar u wordt misleid door het enthousiasme van de jeugd.' Met zachte hand nam hij de snoeischaar uit mijn handen en knielde voor een wijnstruik.

'U moet proberen één te worden met een wijnstok. Vous-voyez? U moet voor een struik gaan zitten en dan moet u zo'n plant 'lezen'.' Met een grote gebruinde hand duwde hij de bladeren opzij en wenkte me dichterbij.

'Tel de uitlopers, waar groeien ze naar toe? Welke dragen vrucht en welke niet?' Hij trok een lange druifloze uitloper van het ijzerdraad. 'Voilà, deze hier, die zou u dus niet moeten snoeien. Hij geeft wel geen druiven, maar hij zal volgend jaar als 'drager' dienen. U moet proberen de plant te doorgronden: wat voor kleur hebben de bladeren? Hoe vast zit de schors? Waar groeien z'n uitlopers? Als u de juiste vragen stelt, zal de plant u alle antwoorden geven.'

Met gescherpt invoelingsvermogen toog ik welgemoed weer aan de slag en snoeide loot na loot. Nadeel van Papi's wijze lessen was wel, dat mijn therapeutische bezigheid nu weer een beetje op werk begon te lijken. Hoe dan ook, het was duidelijk dat dit type wijngaardonderhoud absoluut onuitvoerbaar was voor één persoon. Wilden wij serieus deze minutieuze graad van perfectie gaan nastreven, dan zouden we, zelfs voor onze bescheiden wijngaard, zeker vier volleerde tuinmannen in een vast dienstverband te werk moeten stellen.

Toen we met deze nieuwe wijnbouwmethoden aanvingen dachten ze in het dorp dat we nu écht gek geworden waren.

De meeste dorpelingen vonden ons al enigszins leip, maar ze

zagen wel steeds die gigantische vrachtwagens van Albert Heijn door dat dromerige dorpje denderen. Terwijl ze zelf al blij waren als ze tien doosjes wijn verkochten. Regelmatig werd het enige winkeltje in het dorp geheel en al verduisterd wanneer er weer zo'n reusachtige veertigtonner voor de deur stopte: 'Savez-vous de weg naar Château de la Garde?'

De eigenaar van dat winkeltje is Alain Montion, de zoon van Papi. Een kleine, buitengewoon energieke veertiger met een door het boerenbuitenleven zonverweerde kop en een opmerkzame blik. Zijn dochter drijft de winkel en hij is wijnboer en tevens burgemeester.

Toen er op zijn verjaardag een keer een fles van onze wijn openging, riep z'n vrouw uit: 'Alain! Waarom maak jij niet zulke lekkere wijn!?' Sindsdien is 'Monsieur le Maire' fan van ons en helpt hij ons waar hij kan. In de loop der jaren zijn we goede vrienden geworden en in 2000 heb ik 'm gevraagd of ie 'Chef de culture' wil worden van onze wijngaarden. Oei! Druivenchef op ons château! Dat was wel even schrikken. Zijn eerste reactie was 'Dat kan ik toch niet doen!' Maar toen won zijn trots en hij stemde toe.

Ingevolge onze stoutmoedige ambities ten aanzien van ons wijngaardonderhoud, selecteerde Alain voor ons vier doortastende wijngaardwerkers. Ruwe kwanten wier interesse voornamelijk uitging naar de drie eerste Franse levensbehoeften: de maaltijd, de jacht en het voetbal. Van een intens geestelijk contact tussen hen en mij kwam het dan ook niet vaak.

Niettemin was ik degene die hen moest instrueren. Dat ging op zich prima, alleen zodra ik de hoek om was dachten ze: 'Die snorremans bekijkt 't maar' en gingen onder een boom liggen slapen.

Nadat ik een aantal weken met stijgende verwondering had gadeslagen hoe er, ondanks mijn vier nieuwe tuinlieden, in de wijngaard geen steek veranderde, verzocht ik Alain om deze taak van mij over te nemen. Dat ging meteen een heel stuk beter: Alain kende deze rakkers al vanaf de schoolbanken en had bovendien, als 'Monsieur le Maire', een natuurlijk overwicht op ze.

Sindsdien verschijnt Alain elke ochtend om acht uur bij onze wijngaarden, verifieert of iedereen er is, geeft instructies en controleert nauwlettend of die ook worden uitgevoerd. De wijngaarden zien er uit om door een ringetje te halen. Picobello.

En het aardige is: Alain is onze organische methoden gaan overnemen. En in zijn periferie weer anderen.

'La revolution Hollandaise' heet het in het dorp.

De nieuwe chai

De opbrengst van al die apart geoogste miniwijngaardjes wilden we ook apart bewaren en apart kunnen vinifiëren. Bovendien moeten alle aparte cuves en vaten meer dan een jaar lang vrijwel dagelijks geanalyseerd en geproefd worden en overgestoken op schone vaten. Want het is pas veertien maanden na de oogst dat er, na langdurig proeven, spugen en heftig discussiëren, twee wijnen geassembleerd worden. Net zoals bij de grote Grand Cru-châteaux uit de Médoc, een eerste en een tweede wijn. Al deze activiteiten begonnen steeds meer ruimte te vergen, en die hadden we niet. Dan kwam die vele tonnen kostende hangar weer ter sprake. Vlug! Ander onderwerp!

Onze capaciteit was inmiddels toegenomen tot zo'n zestig à tachtigduizend flessen per jaar, die we, omdat we geen eigen opslagmogelijkheid hadden, elders moesten opslaan. Dat bracht nodeloze transportkosten met zich mee en veel irritatie, want door desinteresse bij toeleveranciers en dienstverleners, ging vrijwel alles bij voortduring mis. Al deze ergernissen maakten dat, hoe ik het onderwerp ook uit mijn gedachten trachtte te bannen, de constructie van de hangar onafwendbaar naderbij kwam.

Er ontstond een plan om vanaf de oude wachttoren die de rechterhelft van de poort vormt, tot aan de borstwering aan het einde van de tuin, een joekel van hangar te bouwen van zo'n tweehonderd meter lang en dertig meter breed. Onderverdeeld in een palletopslag voor minimaal tweehonderdduizend flessen, en een chai groot genoeg voor vijfhonderd vaten. Het proeven en spugen ten behoeve van de assemblage gebeurde altijd in een uitgewoond bijkeukentje dat wij weliswaar het labo noemden, maar ja, dat zou toch ook wel wat beters mogen wezen.

Bovendien wilden we een eigen etiketteer- en capsuleerlijn en een inpakafdeling. Zo zouden we niet meer afhankelijk zijn van allerlei onwillige externe bedrijven en tevens zou, dankzij de lange zijmuur van de te bouwen hangar, het château weer van alle kanten omsloten zijn. Baas in eigen kasteel. Dat is ons wel een paar tonnetjes waard. Tijd om de Rabobank te bellen.

Ik was zo verliefd op ons sprookjeskasteel dat ik eigenlijk niets wilde veranderen. Het liefst zou ik het hele château onder een glazen stolp zetten en alles laten zoals het was. Maar goed, als er dan toch een hangar moest komen, dan wilde ik 'm niet zien. Hij zou moeten opgaan in het landschap en één geheel moeten vormen met het middeleeuwse château.

In niet mis te verstane bewoordingen was dat ook mijn briefing aan de volgende architect, monsieur Lanson. Een zelfgenoegzame, humorloze man met een lang hoofd en gele paardentanden. Een paar slierten geelwit haar lagen zorgvuldig gedrapeerd over zijn kalende schedel. Hij kleedde zich altijd in het zwart en droeg boordloze overhemden. Het was mij een gruwel om met deze ijdeltuit in een ruimte te verkeren, maar niettemin nam ik uitvoerig de tijd om hem onze wensen uiteen te zetten. Langdurig schetste ik hem wat we wilden en hoe we het wilden, ik liet foto's zien van bestaande chais en toonde hem zelfs monsters van te gebruiken bouwmaterialen.

'Ah oui, monsieur Gort,' zei hij zelfverzekerd, na tweeënhalf uur uitleg en toelichting, 'Ik heb het helemaal begrepen! Dit is voor mij een grote uitdaging!' Bij het woord 'uitdaging' voelde ik een lichte huivering alsof een hagedisje met koude pootjes over mijn rug trippelde.

Dat bleek terecht: twee weken later presenteerde monsieur Lanson ons een ontwerp voor een modern vormgegeven beton-en-staalconstructie met een wulps puntdak, waardoor het onroerend goed sterke gelijkenis vertoonde met een Chinese pagode uit het Ming-tijdperk. Nadat hij ook nog een keer het Operahouse van Sidney voor ons had getekend, zwaaiden we ook deze bouwmeester uit.

Als ik, wanhopig geworden, de hele zaak maar weer wil afblazen, zegt Paul: 'Ik zou natuurlijk mijn vriend kunnen vragen.'

'Huh?'

'Mijn vriend Didier Grimeau. Hij is een goede architect. Alleen: hij is mijn vriend en ik wil liever niet met vrienden werken.' Dat vind ik goed klinken. Kom maar op met die vriend. Ik bezweer Paul dat we goede afspraken met zijn architectenvriend zullen maken en dat ik niet lelijk tegen hem zal doen.

En waarempel: het eerste contact verloopt zonder dat we slaags raken. Didier Grimeau blijkt een flegmatieke, erudiete man met een doorgroefd gelaat. Door een bril met een dik hoornen montuur neemt hij de zaken kalmpjes in zich op, hetgeen hem bij vlagen het aanzien van een bedroefde uil geeft. Zijn maat Pasquale is een klein kwiek donkerharig opdondertje met snelle ideeën en pragmatische oplossingen.

De tot dusver door mij geraadpleegde architecten hadden mij vriendelijk neerbuigend aangehoord, alsof ze mijn denkbeelden weliswaar vermakelijk doch niet bijster belangwekkend vonden. Maar deze twee hebben een soort good-cop-bad-cop-act die me wel aanstaat. Met hen weet ik in ieder geval waar ik aan toe ben. Bovendien, een zeldzaam fenomeen in de architectenwereld, ze lijken daadwerkelijk belangstelling te koesteren voor de wensen van hun opdrachtgever.

Na een drietal langdurige sessies worden we het eens over een extra vleugel aan het kasteel, die zoveel mogelijk vervaardigd zal worden uit dezelfde bouwmaterialen als het château. Nu nog een aannemer.

De aannemer

Een zilvergrijze BMW uit de zevenserie knerpt het grind van de binnenplaats op. Er stapt een gevulde heer uit, gekleed in zachte grijstinten. De imposante bolling onder zijn wollen vest wettigt het vermoeden dat hij zojuist een skippybal heeft ingeslikt. Hij is nog zeker vijf meter van me af, maar nu al kan ik bijna leunen tegen de overweldigende wolk aftershave die hem omhult. Alsof hij na het douchen een jerrycan Joop! over zichzelf heeft leeggestort. Een kransje muisgrijs haar omgeeft zijn schedel en hij draagt een sikje dat in bargoens wel een 'pratende kut' genoemd wordt.

Als hij ter begroeting een dikke hand naar me uitsteekt maken de zware gouden kettingen om zijn pols een zacht tinkelend geluid.

'Bonjour, monsieur Gort, je suis monsieur Duval. Enchanté.' Zijn stem is onverwacht hoog. Zeker voor een aannemer. Monsieur Duval komt ons de begroting presenteren die hij heeft gemaakt. De bouwtekeningen voor de nieuwe chai zijn na veel vijven en zessen eindelijk door iedereen goedgekeurd en uit de opgevraagde offertes is 'Ets. Duval' als beste overgebleven.

We zetten ons aan de buitentafel onder de platanen. Kreunend laat monsieur Duval zich op een stoel zakken: 'On est bien ici' verzucht hij en probeert met zijn hand de vermoeide trek van zijn gelaat te vegen.

In de verte hoor ik de dieselmoter van Pauls Peugeot naderen. Een uniek moment, want Paul is nooit op tijd. Hier in de streek noemen ze dat het 'quart d'heure Bordelaise': het kwartier dat iedereen altijd te laat komt. Een 'heure Bordelaise' zou meer op z'n plaats zijn, want Paul is overal steevast een uur te laat. Ik heb wel 'ns geprobeerd een uur eerder af te spreken. Wilde ik bijvoorbeeld om tien uur beginnen, dan kon ik er zeker van zijn dat hij pas om elf zou komen. Om dit te ondervangen stelde ik, heel slim, negen uur voor. Dan zou ik 'm om tien uur hebben. Maar door een of ander geheimzinnig instinct doorzag hij deze list altoos. Spraken we negen uur af, kwam hij tóch nog pas om elf uur...

Tegelijk met Paul arriveert ook ons architectenduo. Als iedereen gezeten is, het uitzicht bewonderd en de dag geprezen, komen de dikke stapels groene dossiermappen op tafel, hun uitpuilende inhoud met brede elastieken samengehouden. De bouwtekeningen worden tafelbladvullend uitgevouwen, de begroting van aannemer Duval ernaast, en pingelen maar!

Waar kunnen we besparen? Dit kan goedkoper, dat mag wat minder. Ramen verdwijnen, deuren komen erbij. Vingers glijden over de tekening, rode viltstiften krassen cirkels, een potlood krast een cirkel weer door, de chai staat opeens op een heel andere locatie, komt dan weer terug, een prachtige oude eik moet onontkoombaar worden omgezaagd, wat na protesten van mij toch opeens weer niet nodig blijkt, en zo gaat het nog even door.

Dan neem ik een geniale beslissing: met piepende viltstift zet ik resoluut een groot kruis door de achterste twintig meter van de chai. Eronder schrijf ik: 'Plouf'. Dat betekent 'Plons', had ik in 'Astérix et les Romains' gelezen. Op hun verbijsterde blikken leg ik uit dat mijn lieve Turf en ik ons ten behoeve van dit château dagelijks tot op het bot afbeulen, zowel hier als in Maartensdijk, en dat doen we met liefde. Maar wij zouden af en toe ook graag een beetje willen ge-niet-en. En wel van een 'Piscine'! Hoppekee! Die zit! Een voltreffer.

Bij de bank

Wit als een doodvonnis ligt de akte van geldlening op het mahoniehouten schrijfbureau van madame Seché, de directrice van de 'Credit Agricole' in Libourne. Een tanig vrouwmens gespeend van elke vorm van charme en onprettig in de omgang. Ze heeft een mager scherpgesneden gezicht omkranst door een geblondeerd streng kapsel, dat als een hard mutsje om haar hoofd sluit. Ze recht haar hoofd, blikt met halftoegeknepen ogen door de leesbril op het puntje van haar vogelneus en leest ons de hoofdpunten van het contract nog een keer voor. Genietend van haar machtspositie geeft zij haar stem nog een extra dosis geaffecteerde deftigheid.

Terwijl haar woorden, als dorre bladeren in de mist, langs mij heen dwarrelen, glijdt mijn blik onder het bureau. Geïntrigeerd staar ik naar het zilveren kettinkje dat zij om haar enkel draagt. Zou er dan toch iets van frivoliteit in dit knokige ijskonijn schuilen?

'Ik ben blij, monsieur Gort, madame Gort,' beëindigt zij haar betoog en schenkt ons beurtelings een afgemeten knikje alsof we zojuist met de hakken over de sloot zijn geslaagd voor het veterdiploma, 'dat we de zaak rond hebben.' Ze steekt een zware geëmailleerde Watermanvulpen met glimmend gouden banden in mijn richting en schuift de overeenkomst naar me toe. 'U tekent hier, hier, hier, hier en hier.'

Ik richt mijn blik op haar gezicht met de kille, leigrijze ogen terwijl ik me een voorstelling probeer te maken van de taferelen in haar slaapkamer en de eventueel daarbij gebezigde attributen.

Als ik geen aanstalten maak de pen van haar aan te nemen, houdt zij haar hoofd scheef, kijkt me over de halve glazen van haar leesbril vorsend aan en zegt pinnig: 'U kent de overeenkomst. Bent u akkoord?' Ik kijk op het document en zie het bedrag dat eenvoudig te verwarren is met een telefoonnummer in een ver land. Zij steekt het schrijfgerei in haar uitgestoken hand nog steeds uitnodigend naar mij uit en maakt er duwende beweginkjes in mijn richting mee.

Ik slik. In een mistig, bijna vergeten hoekje van mijn hoofd waarschuwt een klein stemmetje 'Nee! Nee! Niet doen! Je moet nu Nee zeggen! Zeg NEE!' Ik haal diep adem en open mijn mond. 'Oké,' hoor ik mijzelf op luide toon zeggen, 'we doen het,' en ik zie hoe de Waterman in m'n hand krassend mijn signatuur op het contract tekent.

De bouw

Eind april hebben ronkende bulldozers hun werk gedaan. De voormalige moestuin en de boomgaard zijn van de aardbodem verdwenen. Het oude vogelbadje is platgewalst. Het terrein is bouwrijp.

Op de waterkoude maandagochtend dat de constructie van onze reusachtige chai zal aanvangen sta ik vol spanning het leger kordate bouwvakkers op te wachten dat in rotten van vier ons pad op zal komen marcheren. Kort na zevenen komt er evenwel slechts één oranje Peugeotbusje vol deuken het pad op hobbelen.

Een moment stel ik mijzelf gerust door te denken dat het wellicht een vroege 'marchand de tapis' is, maar het 'Ets. Duval' dat half leesbaar op de zijkant is aangebracht, ontkracht deze gedachte. Ach, maar natuurlijk: dit is het verkenningsbusje! De voorloper van een lange rij busjes gevuld met kloeke werklieden.

Maar wanneer het stof is nedergedaald wordt ook deze illusie mij ontnomen. Als de zijdeur rammelend openschuift stappen er vier enigszins vermoeid ogende oudere mannen uit. Zij dragen verschoten T-shirts en afgedragen broeken vol verf- en cementvlekken. Eentje heeft een opvallend rood gezicht met een lelijk litteken over zijn wang. Hij draagt een T-shirt met de weinig goeds voorspellende text: 'Ne Plus Jamais Travailler.'

Monsieur Duval is niet aanwezig en de werklieden hebben geen idee waar hij is en of hij nog komt. Ook hebben ze geen idee wat ze moeten doen. Dat begint goed. De mannen besluiten tot nader order te wachten met de aanvang van hun werkzaamheden.

Als, na een 'urgence'-telefoontje mijnerzijds, een paar uur later monsieur Pasquale, de uitvoerende helft van het architectenduo ter plaatse is, hebben ze het eerste wijntje van de dag al achter de knopen en zijn ze verdiept in hun kaartspel. Kloekmoedig instrueert de architect Duvals werknemers en even later weerklinkt dan eindelijk de langverwachte symfonie voor hamers en zagen.

Duvals mannen blijken verbazend kundige vaklieden die, eenmaal begonnen, nauwelijks van ophouden weten en aan het einde van de dag is de ruwhouten betimmering ten behoeve van de fundering zo goed als gereed. Net als de mannen hun gereedschap in het busje laden en op het punt staan naar huis te gaan, rondt de zilveren neus van monsieur Duvals BMW de bocht van het pad. Ik haal diep adem, sluit mijn luchtwegen af en breek door zijn aftershave shield.

Sinds de contracten voor de aanbesteding zijn getekend, is zijn houding veranderd. Hij begroet me vormelijk, alsof hij me voor het eerst ontmoet, schenkt zijn werknemers een kort knikje en stapt met driftige pas naar de 'chantier'. Met een uitdrukking van broeierig misprijzen monstert hij het timmerwerk.

'C'est pas bon,' oordeelt hij gedecideerd. Hij stapt naar voren, grijpt een hoekpaal van de zojuist voltooide betimmering en begint hem driftig heen en weer te sjorren. Net zo lang tot er een plank losschiet. 'Voilà!' zegt hij met een minachtend gesnuif, 'C'est de la merde!'

Hij rukt de plank uit het staketsel en smijt hem met een woest gebaar tegen de grond. De mannen zitten al in de bus en slaan zijn verrichtingen vanuit de geopende schuifdeur met vermoeide blikken gade. Met een autoritaire zwaai trekt monsieur Duval de bouwtekening uit zijn binnenzak en vouwt hem over de achterkant van een oranje betonmolen.

'Merde!' sneert hij nog een keer. 'Bovendien,' en met een dikke, goudberingde vinger tikt hij driftig op het papier, 'staan die piketten veel te ver naar achter.' Hij draait zich om naar zijn werknemers en buldert: 'Allez! Afbreken!'

De mannen kijken elkaar aan en stappen met zichtbare tegenzin uit het busje. Ze buigen zich met z'n allen over de bouwtekening. 'C'est pas vrai!' 'Mais si si!' Na een verhitte woordenwisseling beveelt monsieur Duval op hatende toon z'n mannen nogmaals om direct met de sloop te beginnen.

Uiteindelijk worden ze het eens om de volgende ochtend met de afbraak aan te vangen en eenieder gaat mokkend zijns weegs.

De volgende dag is het winderig en koud. De nieuw aangebrachte betimmering is al weer voor de helft gesloopt als de oude grijze Peugeot 404 break van monsieur Moreau, het pad op komt kachelen. Lachend steekt hij me zijn eeltige timmermansklauw toe: 'Monsieur Gort, Bonjour! En pleine forme?' Over mijn schouder roept hij vrolijk naar Duval's mannen: 'Arrêtez mes braves, on boit un petit coup!' en steekt een literfles rode wijn omhoog. De mannen laten hun hamers direct zakken en voegen zich handenwrijvend bij ons. Met opgetrokken wenkbrauwen hoort monsieur Moreau het droeve relaas aan, dan bestudeert hij de bouwtekening en concludeert zonder omhaal dat de betimmering wel degelijk op de goeie plek is aangebracht.

We staan al enige tijd met z'n allen over de bouwtekening gebogen als architect Pasquale arriveert. Na één blik op de kaart verklaart hij dat Moreau helemaal gelijk heeft. 'La vie est dur, sans confiture!' grinnikt hij monter. 'Opbouwen maar weer!'

De aannemer zelf laat zich de hele dag niet zien. Ook de dag erop is er geen spoor van monsieur Duval. Ik bel hem ongeveer elk uur en zijn wijdlopig ingesproken voicemail begint me steeds meer op m'n zenuwen te werken. Gedurende de dag vul ik zijn mailbox met mededelingen die allengs een minder vriendelijk karakter krijgen, maar Duval belt niet terug. Op de maandagochtendbouwvergadering ontbreekt hij eveneens. Na twee uur wachten besluiten we de zitting op te heffen en definitief op zoek te gaan naar een andere aannemer.

Als we opstaan om te vertrekken komt monsieur Duval binnen. De keuken vult zich direct met de weeë walm van zijn aftershave. Zonder een woord van excuus neemt hij plaats op een van de keukenstoelen, die een protesterend gekraak laat horen. Zijn grijs wollen vest spant over zijn dikke skippybalbuik.

'Gelukkig dat ik nog op tijd ben!' hijgt hij amechtig. 'Kom net uit Marseille, vandaar dat ik ietsje later ben. Met m'n zwager naar Frankrijk-Italië geweest. De hele nacht doorgereden!'

Dan gebeurt er iets totaal onverwachts. In plaats van scheldkanonnades, repercussies en dreiging met boetes, ontstaat er een geanimeerde gedachtewisseling over de haalbaarheid van het wereldkampioenschap voor het Franse nationale elftal. Architecten en aannemer putten zich over en weer uit in geestigheden en grappige anekdotes. Duval laat niet na het architectenduo omstandig te prijzen met de hoogwaardige kwaliteit van hun ontwerpen.

Stomverbaasd kijk ik van de een naar de ander: 'Wanneer gaat iemand deze minkukel nou 'ns de waarheid zeggen!!?' Terwijl er aan de keukentafel de joviale sfeer van een voetbalkantine onstaat, begint mijn bloed langzaam op kooktemperatuur te raken. 'Die hansworst zit een half miljoen van onze nog zuur terug te verdienen hypotheekcenten op te souperen en d'r is nog geen slag gebeurd! En niemand zegt wat!!' Ik weet mijn ongeduld een tijd lang zorgvuldig te beteugelen, maar dan wordt het me pijnlijk duidelijk: ik sta alleen. Geen van beide architecten is van zins maatregelen te treffen tegen deze gestoorde gek.

Als Duval midden in een fraaie volzin van een nieuwe strijkage aan de architecten is, geef ik in een opwelling met m'n vlakke hand een klap op tafel die de koffiekopjes rinkelend omhoog doet springen.

'Kedeng!' Het is meteen stil. 'Monsieur Duval,' zeg ik met nauw verholen woede, 'Fini! Nu is het genoeg! Dit gaat zo niet langer!'

Van verbazing valt zijn mond open. Hij slikt langzaam en kijkt me met een blik vol onbegrip aan. Mijn gebrekkige Frans lijkt opeens vleugels te krijgen en ongevoelig voor verkeerde vervoegingen of foutgekozen woorden, veeg ik Duval, met een ratelend mitrailleursalvo van verwijten, meedogenloos de mantel uit. Ook het architectenduo zit me in stomme verbijstering aan te gapen.

'Zoiets doé je toch niet,' hoor ik ze denken en 'C'est pas poli.'

Maar ik ben de beleefdheidsfase ver voorbij. 'U maakt u schuldig aan wanprestatie!' bijt ik hem woedend toe.

Duval trekt een gezicht als de pasgeboren onschuld: 'Moi? Wanprestatie?' Hij haalt zijn neus op en snuift geringschattend: 'Kan ik er wat aan doen dat die tekeningen niet kloppen..!'

Ah! Dát had ie niet moeten zeggen. Nu werd uilenbril wakker: 'Onze tekeningen, monsieur Duval, zijn honderd procent correct,' sprak Grimeaud waardig.

Duval bond direct in. Hij glimlachte zuur naar de architect en zei kruiperig: 'Natuurlijk, monsieur Grimeaud, natuurlijk, mijn werknemers hebben de tekeningen waarschijnlijk verkeerd geïnterpeteerd...'

Uiteindelijk zijn we overeengekomen om een nieuw contract op te stellen waarin we ontheven werden van de directe bemoeienis van monsieur Duval en waarbij monsieur Moreau als voorman van Duvals equipe werd aangesteld. Duval ging er schouderophalend mee akkoord en we hebben hem tot mijn grote genoegen sinds die dag nimmer meer gezien. De sfeer tussen architecten en Moreau en Duvals mannen was kameraadschappelijk en zeer constructief want in zes maanden tijd heeft de kleine Moreau samen met de werktijgers van Duval voor ons een monumentale chai gebouwd. Waar we nog dagelijks plezier van hebben.

De markt in Blaye

Ik heb 't zwaar bevochten, maar het zwembad is er gekomen. Op een geheime plek, verscholen achter de chai, geheel uit het zicht. En we genieten er nog elke dag van.

's Zaterdagsochtends doen we boodschappen op de markt in Blaye, zo'n twintig kilometer verderop aan de monding van de Gironde. Tegenover de markt op het zonnige terras van de 'Bar Du Marché' bestellen we grands crèmes en croissants. De ober komt terug, met één hand draagt hij op schouderhoogte een groot blad vol dampende grands crèmes, met z'n andere hand veegt hij met een servet de tafel schoon, zet drie dikke koffiekoppen op tafel en schuift het bonnetje onder een van de schoteltjes. Ik reik hem een tientje en met het zware blad nog steeds waterpas op schouderhoogte, neemt hij het biljet aan, legt het wisselgeld op tafel en knijpt in dezelfde beweging even kort in het bonnetje ter bezegeling van de transactie. En weg is ie weer.

Obers als deze vind je in Nederland nog maar zelden: geen stuntelige schoolverlaters maar bekwame volwassen vaklieden. Even verderop zet een gebogen grijsaard op platgelopen pantoffels, zich krakend aan een tafeltje. De ober begroet hem met een vrolijk 'Bonjour jeune homme...' en serveert hem in het voorbijgaan ongevraagd zijn ochtendroseetje.

De markt van Blaye is een fenomeen: aan de voet van de immense, uit ivoorkleurige steenblokken opgetrokken citadel is het ondanks het vroege uur al een opeenhoping van stalletjes, kramen en handkarren. Een visueel bombardement van primaire kleuren van alle mogelijke soorten groenten en fruit. Kramen vol worsten, hammen en pâtés, stalletjes met allerhande vissen, schaal- en schelpdieren, handkarren met bergen in venkelwater gekookte witroze Girondegarnaaltjes, grote bakken met levende paling en wagens met kazen in alle soorten en maten.

In de gangpaden heerst een gedrang en een drukte van allerhande menstypen en de kooplieden prijzen om het hardst hun waren aan. Vleugen kruidige geuren strijden om voorrang. Er worden vissen schoongemaakt, kippen gebraden en kastanjes geroosterd. Uit een kraam met cassettes en cd's schalt vrolijke accordeonmuziek en in het zachte zonlicht onder de oude platanen zit een kinderrijke zigeunerfamilie stoelen te matten.

Uit de wijde omtrek van Blaye komt iedereen hier zijn waren verkopen, van klein tot groot. Er zijn marktkramen als rijdende paleizen, maar ook keuterboertjes die hun producten uitgestald hebben op een sjofel klaptafeltje of een omgekeerde kist. Een compleet ingerichte rijdende schoenenwinkel, maar ook een gerimpeld oud vrouwtje met een kist preien, wat fleurs de courgettes en een paar bosjes uien. Of een oude boer met een mooie vette haan en een rijtje harde geitenkaasjes.

Sommigen arriveren in een krakende oude eend, anderen op

een Solex met achterop een kistje waarin een kip of een gans.

Ondanks dat we hun namen niet allemaal kennen, hebben we met een aantal van deze marktkramers in de loop van de tijd een warme relatie opgebouwd.

Met de grand crême en de croissant achter de knopen kuieren we de markt op en beginnen aan een vast parcours langs al onze rurale toeleveranciers. De aardbeien kopen we per kist bij twee broers, wier opgetelde leeftijd toch al gauw anderhalve eeuw beslaat. Ze vullen elkander naadloos aan: de een kan niet wegen en de ander kan niet tellen. Dit leidt, tussen de hoogopgetaste kisten zomerkoninkjes, tot heftige dialogen rond de antieke koperen weegschaal waarbij zij ons voor een kist aardbeien eerst vijftig eurocent willen berekenen om vervolgens na een heftige onderlinge woordenwisseling doorspekt met krachttermen, op vijf euro uit te komen. Uiteindelijk worden de broers het eens en mogen we anderhalve euro in een eeltige hand drukken. Met een vrolijk 'Bon weekend' slenteren we weer verder, onder de arm een kist versgeplukte aardbeien met een verrukkelijke volle fruitsmaak, alsof je de zomer zelf in je mond steekt.

De lekkerste geitenkaasjes betrekken we bij een klein vrouwtje van ver over de zeventig, met het frêle gezichtje van een meisje van zestien, alleen dan met rimpels. Ze wordt Gigi genoemd. De smaak van haar kaasjes is afhankelijk van het seizoen: 's zomers eten haar geiten gras en bloemen en zijn de kaasjes lekker romig; 's winters eten ze distels en brandnetels en smaakt de kaas wat stugger. Ze heeft blozende wangetjes als opgepoetse appeltjes en helderblauwe twinkeloogjes en ze is altoos goedgemutst. Om haar hoofd, strak over haar rechteroor, draagt ze altijd een zijden sjaal.

Zoals ik Klaas heb verteld draagt zij daaronder vermoedelijk een vreselijk geheim met zich mee welks afschuwelijke waarheid wij in de verste verten niet kunnen bevroeden. Wellicht heeft ooit een jaloerse minnaar haar een oor afgesneden en verbergt die sjaal een kluwen afgrijslijk vergroeid littekenweefsel. Of is zij misschien eigenlijk een alien en bevindt zich onder die sjaal een vochtige vulopening?

'Is het voor vanmiddag of voor vanavond?' vraagt Gigi en drukt onderwijl met een spits wijsvingertje keurend in een kaasje. Er is er niet één hetzelfde en het consumptiemoment luistert nauw. We kiezen er een voor vanmiddag, twee voor morgenavond en nog een paar kleine blauwgrijze schapenkaasjes. Die kun je lang bewaren, ze zijn zo hard dat je er een gat mee in een brandkast kunt gooien.

Op de hoek bij de brug naar de citadel is de vaste standplaats van de messenman. Een vrolijke jonge kerel en de trotse eigenaar van een grote kraam met alles wat snijdt, steekt of hakt. Prachtige Sabatiermessen in alle maten waar elke professionele kok van zal watertanden, kartonnen dozen met alle modellen Opinelmessen, scheermessen, hakmessen en bijlen. Klaas en ik staan altijd vol ontzag te weifelen bij zijn uitgebreide verzameling stiletto's, boksbeugels en wurgstokjes. Je zal maar een onwillige kwartel in je keuken krijgen...

Ook van de zes verschillende oesterboeren, verspreid over diverse locaties op de markt, heeft er eentje onze voorkeur: een jonge energieke visserman met een vrolijk vollemaansgezicht en korte zwarte krullen. Hij heeft zijn kisten 'huitres' opgesteld in een carré en staat, met z'n schipperstrui en blauwe rubberlaarzen, als een artiest in het midden van het aldus ontstane vierkant. Grappend en grollend bedient hij zijn drukke clientèle. Hij heeft alle soorten oesters: Marennes, Belons, Spéciales, Plattes. Dikwijls opteren we voor de Fines de Claires die deze ochtend nog uit het Bassin d'Arcachon zijn opgevist, hier zo'n tachtig kilometer verderop. Die zijn heerlijk vers met de zilte smaak van koud zeewater. Als hij er een 'douzaine' in de zak heeft gedaan, gooit ie er met een achteloos gebaar altijd nog eentje gratis achteraan: 'Pour l'ouvreur...'

Beladen met heerlijkheden karren we terug naar ons château: vijgen, olijven, salades, oesters, kreeften, bossen verse 'estragon' en basilicum, kisten vol aardbeien, de mooiste kazen en verse tonijn en sardientjes voor op de barbecue.

In de kasteelkeuken bereiden we daarmee een uitgebreide lunch. Op grote dienbladen wordt al dat heerlijks in de Méhari geladen, daarna tuft Klaas met het goedgevulde autootje dwars over het grasveld naar de piscine. Daar, in de schaduw van de palmbomen, wordt de lunch weer uitgeladen en geserveerd in de 'salle d'été', de zomerkamer, een lief open huisje van oude balken en rode dakpannetjes, dat we aan de lange kant van het zwembad hebben laten optrekken. Lekker in de schaduw lunchen we de hele middag lang, met uitzicht over onze wijngaarden die liggen te zinderen in de trillende zomerhitte en in de verte de traag stromende Dordogne. Af en toe onderbroken door een koel duikje in de azuurblauwe 'Plouf'.

Niets verstoort de stilte dan het luie tjirpen van de krekels en het gezang van de vogels in het park. Als er wel 'ns aan de poortbel geklingeld wordt en we willen even niemand zien, blijven we, goed verborgen achter de grote chai, lekker op onze luie zwembadstoelen liggen. Met een samenzweerderige glimlach kijken we elkaar aan, en heffen stiekem het glas...

Fraternité, Égalité, maar vooral: Liberté.

La Belle & La Bête

In de Méhari suizen we roekeloos de steile heuvel van Saint Romain af. De kleine Klaas zit naast me en z'n blonde haar wappert om zijn hoofd.

'Niet zo hááárd!' schreeuwt hij in de wind, maar voordat ik kan remmen zijn we er al, en gierend parkeren we onze witte plastic jeep voor het hek van de dorpssmid.

Met vereende krachten schuiven we piepend en knarsend het zware ijzeren hek open. Dan staan we in wat ooit een tuin was. Na jarenlange smidswerkzaamheden is dit een soort post nuke-decor geworden van bergen verroeste ijzertroep, doormidden geslepen lantaarnpalen en gebutste winkelkarretjes gevuld met stukken spoorrail. Een gedeukt autowrak wordt overwoekerd door een vervaarlijke doornstruik. Achter uit de van golfplaten opgetrokken werkplaats klinkt het oorsplijtende gegier van een helse machine doorspekt met brullende verwensingen.

'Gelukkig, de smid is thuis,' fluister ik tegen Klaas.

Plotseling wijken de struiken opzij en worden we besprongen door een enorme, woest blaffende Rottweiler. Ik word bijna verpletterd onder het gewicht van twee zware poten op m'n schouders. Een sliert kwijl petst tegen m'n wang en ik ruik een walgelijke stankadem. De hijgende bek vol blikkerende tanden is nog geen handbreedte van mijn onbeschermde keel. Hoewel ik nooit eerder last heb gehad van ongewenst urineverlies, heb ik er nu toch enigszins mee te kampen. Met al m'n kracht weet ik mij onder het zware monster vandaan te worstelen.

'Kijk uit, jongen!' schreeuw ik angstig naar de kleine Klaas en draai me om, op zoek naar een stuk lantaarnpaal om ons mee te verdedigen. Maar Klaas loopt met uitgestoken hand op het ondier af : 'Viens ici, viens ici!' en aait het monster liefdevol over zijn kop. De hond likt z'n hand en begint te kwispelstaarten.

'Hond! Kop dicht en wegwezen!' wordt er uit de werkplaats gebruld. De hond draait zich meteen om en verdwijnt tussen de struiken. Daar verschijnt de smid, René Piraud. Vanwege een meningsverschil met een everzwijn hinkt hij een beetje, maar dat is al lang geleden.

'Bonjour, monsieur Gort! Bonjour Nicolas!' roept hij, z'n handen afvegend aan een buitensporig smerige dot poetskatoen.

'Comment ça va?' Hij steekt een harige klauw vol littekens en bloedende schrammen uit en geeft ons allebei een onverwacht zachte hand.

'Un pastis?' Beleefd slaan we dit voorstel af. Elf uur 's ochtends is zelfs voor een wijnboer wat aan de vroege kant.

'Viens!' gebaart hij. We moeten met hem meekomen; hij wil ons laten zien waar hij momenteel mee bezig is. De smid hompelt voor ons uit. We volgen hem door de bergen staal en metaal, omzichtig allerlei vlijmscherp afgeslepen ijzerwaren ontwijkend.

René's werkplaats heeft nog nimmer een ordenende hand gekend. De vloer ligt bezaaid met uitgezaagde stukken plaatstaal, opgekruld betonijzer, roestige bouten en ijzeren hekpunten.

'Vergeet niet straks wat eieren mee te nemen…'

Voorthompelend gebaart René naar een met kippengaas afgescheiden stukje terrein. Achter het gaas is het een volledige kaalslag. Geen grassprietje groeit er meer. Alles is opgegeten door een zestal armzalig kale kippen. Ook hier is de grond bezaaid met verroeste bouten, moeren en weggeworpen stukken ijzer. Hier en daar wordt de kaalslag verlevendigd door glasscherven en karkassen van kaalgekloven kippen. De kipresten waarop René zijn pluimvee kennelijk trakteert vormen een welkome afwisseling op het dieet van schroeven en moeren.

'Die kippen leggen vast ijzeren eieren,' zeg ik tegen Klaas, 'daar neem ik er eentje van mee voor bij het ontbijt, als we eitje-tik gaan doen.' Klaas maakt protesterende geluiden: 'Dat is niet eerlijk!'

Vol trots toont René ons het project dat hij momenteel onder handen heeft: voor een wijnboer een dorpje verderop fabriceert hij een enorme ijzeren haak om grote keien mee uit de grond te trekken. Vol ontzag bekijken we het immense ijzeren gevaarte. Het marginale klusje dat wij voor hem in petto hebben valt hierbij geheel in het niet: het betreft een gedeelte van het kasteelhek dat niet goed meer over z'n geleiders glijdt.

'Pas de problème, monsieur Gort, pas de problème! Morgenochtend kom ik kijken. Un pastis?'

Oké, vooruit dan maar, 't is voor de goede zaak.

In de grote, rommelige keuken treffen we Marie, de vrouw van René. Een grotere tegenstelling is niet denkbaar. Het is werkelijk La Belle et La Bête: Marie is een klassiek mooie, zachte vrouw, met een lief, hartvormig gezicht en glanzend ravenzwarte lokken tot over haar schouders. Ze heeft ronde vormen, beweegt zich elegant en spreekt met een melodieuze, enigszins omfloerste stem. Zelfs in haar versleten keukenschort ziet ze er nog ravissant uit.

Ik kus haar op beide perzikwangen. Bij het zien van Klaas slaat ze de handen vol verbazing ineen: 'Bonjour, Nicolas! Wat ben jij groot geworden!!' Klaas glimt verlegen van trots.

'Allez,' bromt de smid terwijl hij een fles met een van zijn vele twijfelachtige eigen brouwsels ontkurkt, 'une petite goutte...'

Waar René altoos bezig is met het distilleren van allerlei soorten eau de vie, doet Marie aan het verwerken van de diverse door René bejaagde diersoorten.

Wanneer we een uur later weer buiten staan heb ik m'n armen vol met potten zelfgemaakte fanzantepaté en wildzwijnsterrine, benevens een beduimelde fles met een handgeschreven etiket dat in half leesbare hanenpoten 'Vieille Poire' vermeldt. Een streng verboden destillaat welks inname niet geheel van gevaar ontbloot lijkt.

'Allez!' zegt René en geeft me een botkrakende slag op m'n schouder waardoor ik bijna al mijn pasverworven geschenken op de grond laat kletteren. 'Morgenochtend kom ik kijken naar uw hek. Ik doe het beslist deze week, want de week daarop gaan we met vakantie. U komt toch langs?' Oei! Dat is waar ook! Dat is al de zoveelste keer dat ie ons uitnodigt!

René en Marie hebben een klein boerderijtje in de Corrèze en ze hebben ons al dusdanig vaak geïnviteerd dat langer omzeilen onvermijdelijk als onwellevend zal worden opgevat...

Op vakantie met de smid

Na urenlang zoeken, wildstromende bergbeken oversteken, verkeerd rijden en keren op levensgevaarlijke bergweggetjes, hebben we het gevonden. 'La Tenderie'. Het Zachtheidje, lijkt een weinig passende naam voor de uit ruwe rotsblokken opgetrokken boerenwoning die onverzettelijk uit de bergwand oprijst. Er ruist een beekje, in het bos aan de overkant klingelen wat verre koeienbellen en er heerst een weldadige rust.

Met groot enthousiasme worden we binnengehaald. Marie heeft de mooiste gastenkamer voor ons in orde gemaakt, compleet met opgevouwen stapeltjes handdoeken met een lintje erom en geparfumeerde zeepjes in een boerenbonte mandje.

Vijftien jaar geleden is het dat René hier, in een van de ruigste streken van Frankrijk, deze 'ferme' uit 1815 heeft gekocht. Bewonderend lopen we om de rustieke gebouwen. Naast de boerderij staat een prachtige oude schuur. Met het hoofd in de nek bewonderen we de schoonheid van de balkenconstructie in de kap.

Als ik de blik naar beneden richt blijkt over de gehele oppervlakte van de antieke schuur recentelijk op ruwe wijze een oerlelijke grijs betonnen vloer gestort te zijn.

'Wie heeft dát gedaan!?' vraag ik verbijsterd.

'Bwoah,' wuift René mijn verbazing weg, 'd'r zaten van die ouwe plavuizen in. Maar die stomme dingen blijven altijd maar vochtig, dus die hebben we d'r uit gerost. Beton is veel praktischer.'

M'n hart krimpt ineen. Buiten gebaart hij naar een laag muurtje. Het bestaat uit stenen en keien die vele generaties geleden met groot vakmanschap zo nauwkeurig als een puzzel op elkaar zijn gepast, zo precies dat er zonder cement een solide muur is gebouwd.

Er groeit lichtgroen mos op en wuivende varens, en het is van een genadeloze schoonheid.

'D'r stonden hier allemaal van die muurtjes, maar met de bulldozer hadden we zó weg!' lacht René trots. 'Maar deze hier, die moet nog...'

Als wij hem, omkleed met allerlei tactische beleefdheidsfrasen, smeken om dit beulswerk niet tot uitvoering te brengen, wijst hij met z'n duim over z'n schouder naar het geheel uit rots opgetrokken boerderijtje: 'Ik moet wel, de doorgang moet vrij: Brandgevaar!'

We lopen om het huis. 'Kijk, hier ben ik nu mee bezig,' zegt René trots. Om zijn schotelantenne te bevestigen heeft hij twee grote gaten geboord in de eeuwenoude handbehakte gevelsteen. De grote scheuren die daarbij zijn ontstaan, zijn trefzeker volgespoten met galkleurig purschuim dat er aan alle kanten uitwolkt.

'Handig spul, dat purschuim, non?'

De antieke lieflijke luiken met de vervaagde verf is hij aan het vervangen door spuuglelijke, hardhouten fabrieksluiken, zo uit het schap van 'Monsieur Bricolage'. De prijsjes zitten er nog op. Die laat ie gewoon zitten. 'Kom, we gaan naar binnen.'

Hij gaat ons voor. Ik hou m'n hart vast...

Hoewel ik niet groot van postuur ben, moet ik bij het binnentreden toch enigszins bukken.

Ondanks dat het buiten volop zomer is, zijn de luiken hermetisch gesloten. Het is schemerduister in de kleine boerderij. De enorme open haard heeft aan weerszijden twee manshoge vierkant gehakte granietblokken met als schraagbalk een oude eikenboom van wel zestig centimeter dik. Er brandt een vuur. In de gloeiende as ligt een halfopgegeten haan te smeulen. De Pyreneese berghond die voor de haard ligt te suffen taalt er niet naar.

Ook hier is de oorspronkelijke plavuizenvloer vervangen door grof gestort beton. De rustieke houten trap naar de zolder is er met geweld uitgebroken. Het gat gedicht met lompe stukken gerafeld spaanplaat. René wijst me trots op een stalen T-balk die midden in de kamer staat.

'Daar stond een oude eiken draagbalk, maar daar stootte ik me steeds aan, die heb ik eruit gezaagd en vervangen.' De smid klopt tevreden op de T-balk: 'IJzer, degelijk spul.'

Achter in de woonkamer is een gedeelte van de vloer voor de betongolf behoed. Daar liggen ter nivellering met de reeds gestorte vloer wat losse staalplaten waar René zich tijdens de rondleiding tot driemaal toe lelijk aan stoot.

'Merde!' Hij bukt zich teneinde de staalplaten recht te rukken en haalt venijnig zijn hand open aan een vlijmscherp afgeslepen rand. Het bloed spuit eruit. Vlug, een pleister! Marie komt al aanrennen, maar René wil er niet van weten. Hij lacht haar weg en veegt z'n bloedende hand achteloos af aan z'n broek.

'Ça vaut rien,' zegt hij nonchalant.

Tijdens al dit tumult speelt hun zestienjarige zoon Luc onafgebroken spelletjes op de Playstation. Onderuitgezakt in een luie stoel zit het slungelige jong zwijgend aan het bedieningspaneeltje te rukken. Hij lijkt geheel in beslag genomen door de piep- en knorgeluiden. Geobsedeerd volgt zijn blik de kleurige poppetjes die over het televisiescherm dwarrelen.

'Oh, les vacances...' verzucht Marie, 'j'adore les vacances...' 'On prend l'apéro?' vraagt René en hinkt naar de kast. Ik bereid me voor op het ergste. Er is namelijk geen landbouwproduct of hij weet er wel een eau de vie uit te stoken. Pruimen, perziken, peren, geen vrucht is veilig voor deze Neanderthaler. Zelfs uit onschuldige walnoten weet hij nog een keelverschroeiende pierenverschrikker te brouwen.

Bezorgd zie ik hoe hij een een smoezelige fles met een gemeen ogend giftiggeel destillaat uit de kast neemt. Wanhopig kijken Turf en ik elkaar aan.

Ondanks het stralende zomerweer, gaan we binnen in de halfduistere boerderij aan tafel. Als 'amuse' serveert Marie ons dikke repen gebakken varkensspek gelardeerd met tenen knoflook.

René heeft het volgende gerecht al een tijdje geleden op tafel gezet. Dat is tamelijk uniek, want dat is zijn werk niet. De culinaire taken in huize Piraud zijn namelijk eerlijk verdeeld: Marie maakt het klaar en René eet het op.

Het voorafje dat nu op tafel gereedstaat, is een dikke, tachtig centimeter lange 'Boudin noir', een zelfgestopte, zwarte bloedworst glanzend van het vet. Helaas is deze 'hors d'oeuvre' ook opgemerkt door de honderden vliegen die zich in de schemerige boerenwoning bevinden. Hordes zoemende groenblauwe aasvliegen verdringen zich wriemelend op de versnapering. Niemand slaat er acht op. Totdat Luc's blik erop valt. Hij maakt zich los van zijn Playstation, pakt een versleten vliegenmepper en zet zich met glimmende ogen van voorpret aan tafel. New game! Player One!

Ons ruigharige tekkeltje Oliebol intussen, is verliefd geworden op de Pyreneese berghond. Ergens, op een vrij willekeurige plek waar hij een opening vermoedt, heeft hij zijn geslacht in de dikke witte vacht van de reusachtige hond gestoken. Hijgend, met zijn tong uit z'n bek neukt hij er al urenlang onafgebroken op los. Af en toe kijkt hij met een wanhopige blik in zijn ogen achterom naar ons. Met, naar ik meen, iets van trots: 'Heee, kijk mij die dikke 'ns effe lekker een beurt geven!!' Maar de Pyreneese berghond merkt het niet eens.

De dodelijke wesp

Na de maaltijd neemt René ons mee op een stroperstocht door de dichte bossen rond de boerderij. De vrouwen blijven thuis. Wij stappen in René's gedeukte Toyota pick-up truck, Klaas en ik schuiven naast de smid op de voorbank, en ons vasthoudend aan de boven ons hoofd aangebrachte handgrepen hobbelen we de landweg vol kuilen af. Het is een maanloze nacht.

Aangekomen bij een perceel waar hij wild vermoedt, brengt René de Toyota tot stilstand, steekt een arm uit het raam en knipt een batterij nachtstralers op het dak aan.

Een felle stralenbundel zet de bosrand in een zee van licht. Verschrikt staan daar twaalf reeën te knipperen tegen de halogeenstralers. Langzaam herkauwend staren zij ons aan. Minuten glijden voorbij.

'Quelle beauté...' verzucht René. Ik voel alleen maar medelijden. 'Zullen we weer 'ns verdergaan?' opper ik voorzichtig. René knipt nu ook het binnenlichtje in de auto aan en tuurt op een detailkaart.

‘Ik weet nog een andere plek…’

Dan vliegt er opeens een grote ‘frelon’ door het open raam de auto in. Een agressieve reuzenwesp, vier tot vijf keer zo groot als een normale wesp en zijn steek kan dodelijk zijn.

Nijdig zoemend vliegt het levensgevaarlijke insect om onze hoofden, Klaas mept naar hem en het beest wordt nog woedender. Ik gooi de deur open, spring naar buiten en met m’n espadrille sla ik met een verpletterende slag de frelon dood en het leeslampje aan diggelen. Maar Klaas is gestoken. In zijn buik.

‘À la maison!!’ brult René en start de Toyota. Met een noodgang scheuren we terug over het rotspad. Klaas huilt niet. Bleek en stilletjes zit hij naast me. Ik wrijf om de plek op z’n buik heen, praat tegen ’m en hou scherp in de gaten of hij niet in slaap valt.

Thuis overziet Marie met één blik de situatie.

‘Heb je een sigaar?’ vraagt ze mij.

‘Hm, eigenaardig,’ denk ik nog, ‘toch nauwelijks het moment om ontspannen een rokertje te gaan zitten paffen.’ Maar Marie pakt de brandende sigaar die ik haar aanreik en buigt zich over Klaas die met onblote buik op de tafel is gelegd. Ze houdt de gloeiende vuurkegel zo dicht boven de wespensteek dat ze de wond nét niet schroeit.

‘Op deze manier,’ stelt zij ons gerust ‘wordt het gif verhit en verliest het zijn werking, dit helpt echt heel goed.’

En inderdaad: een uurtje later is de pijn zo goed als weg en zit Klaas tevreden op de bank omringd met Marsen, koekjes en limonade.

Marie, zacht, lieflijk en heerlijk geurend, en Het Beest, dat overal staal, lijm en spijkers rondstrooit en zich hompelend en vol wonden voortbeweegt. Er is geen groter contrast. Maar als hij bij haar is, krijgt zijn blik een vertederde uitdrukking en wordt hij helemaal zacht. Smoorverliefd is ie op d’r. Nog steeds.

De werklunch

In onze ‘vieilles vignes’, de percelen ouder dan vijftig jaar, zijn er elk jaar wel een paar van die dikke kromgegroeide wijnstokken die zo oud zijn dat ze de volgende oogst niet meer zullen halen. Die oude wijnstokken geven steeds minder wijn. Maar wel de allerbeste.

Paul, David, Turf en ik moeten een aantal belangrijke beslissingen nemen: welke vieilles vignes gaan we rooien en opnieuw inplanten, en welke vieilles vignes vertroetelen we nog een jaartje langer? Dit soort problemen kunnen niet beter besproken worden dan tijdens een lange lunch onder de platanen voor de openslaande keukendeuren van het château.

Dat is een prettig vooruitzicht.

Hoewel ieder van ons net doet alsof het een eenvoudige snelle hap tussen het werk door betreft, weten we allemaal dondersgoed dat de rest van de middag zal opgaan aan een verrukkelijke volkomen ontspannen maaltijd.

Het zijn lunches zonder einde. Turf kan verschrikkelijk lekker koken en een van haar specialiteiten is een 'Salade riche' zoals je die nergens krijgt. De lange tafel in de schaduw van de platanen komt vol te staan met vrolijke schalen gevuld met verse veldsla met gebakken coquilles Saint-Jacques, reepjes gegrilde paprika en kwartelomeletjes met spekjes. Een houten plank met gegrilde gamba's in knoflookolie, een kom met zelfgemaakte 'Rillette d'Oie', verse radijsjes, tomatensalade met basilicum en minimaal drie verschillende soorten olijven in aparte schaaltjes. De grote knapperig groene 'Lucs', de rimpelige 'Nyons' uit de Provence, en de piepkleine 'Niçoises' uit Nice.

Diverse soorten krakend verse stokbroden en natuurlijk een grote zilveren koeler met, veiligheidshalve, drie flessen ijskoude rosé tussen de tinkelende ijsblokjes.

Iedereen klaar? À table!

Paperassen worden opzijgeschoven, pennen gaan terug in de borstzak en stoelen worden naar achteren getrokken: we gaan, voor het eerst die dag, zitten. De glazen worden gevuld, er wordt getoast. 'Chin...! Bon appétit.'

Turf vult de borden uit de grote saladeschaal en zij kent haar pappenheimers: David wat meer verse basilicumtomaatjes, Paul een extra kwartelomeletje en voor mij een lekkere grote schep avocado met lente-uitjes. Yammie...!

Het is warm. Zonnevlekken dansen over de tafel en ver weg in het dal glinstert de Dordogne. Afgezien van onze vrolijke grappen en grollen heerst er een diepe rust. Zelfs de vogels lijken zachter te zingen. Heel Frankrijk eet.

We praten over van alles en nog wat. De nieuwtjes uit het dorp. Onze buurman, monsieur Dubernard, die een stuk wijngaard aan het omploegen was met een gemotoriseerde handploeg. Hij trapt in een gat, valt voorover en komt wijdbeens vóór de glanzend scherpe ploegmachine te liggen die al voortploegend recht op 'm af komt.

De grappen over de arme Dubernard zijn niet van de lucht; er wordt hem al een carrière bij de Wiener Sängerknaben in het vooruitzicht gesteld.

Klaas toont zijn nieuwste aanwinst van de rommelmarkt in Bordeaux aan David en Paul: een reusachtige opgezette leeuwenkop met wild uitstaande manen en een opengesperde muil met reusachtige tanden. Klaas krijgt enthousiaste complimenten over z'n aankoop en de leeuwenkop krijgt een ereplaatsje aan tafel.

Ik verhaal over Holland en dat veel Hollandais de wijn ná het eten drinken, in plaats van bij het eten. Dit nieuws wordt hoofdschuddend en met kreten van ongeloof ontvangen. 'C'est pas vrai!? Ils sont fous, les Hollandais! Oh! Excusez-moi Ilja...!'

De middag glijdt voorbij. De zon staat hoog aan de hemel en de vogels hebben hun gezang nu volledig gestaakt. Er waait een zacht briesje uit de tuin dat de weldadige geur van wilde tijm en bloeiende rozemarijn meeneemt. Achter in de tuin wolken als een paarse ontploffing grote bossen bloeiende lavendel uit de gebarsten terracotta potten. Dikke hommels klemmen zich met hun pootjes vast aan de bloemtoppen en sonoor zoemend bungeejumpen ze traag op en neer aan de lange lavendelstengels. De oude windwijzer op de kasteeltoren laat ons met een roestig piepknarsje weten dat het zachte briesje dat de bladeren doet ritselen, iets van richting verandert.

Paul wordt filosofisch. Genietend slurpt hij een slokje rosé naar binnen en heft zijn glas naar de zon. Met één oog dichtgeknepen probeert hij het licht te vangen in de roze inhoud en declameert op theatrale toon: 'Ik drink niet, nee, ik kus mijn glas...' David vult met bronzen stem aan: '...En in retour, geeft de wijn mij een streling na...'

'Wow!' roepen Turf en ik in koor. 'Paul...! David...! Génial..!!'

Paul zit stomverbaasd naar David te kijken: 'Hoe ken jíj dat!!?'

Grijnzend haalt David z'n schouders op: 'It's Rabelais,' verklaart hij bescheiden. Wat op z'n Australisch ongeveer klinkt als 'Rèhbûhlee'.

In de verte slaat de gebarsten torenklok in het dorpje drie keer. De salades zijn schoon op, de schalen en planken bevatten alleen nog maar gambastaartjes en worstkontjes. Op de bodem van de kom ligt het laatste restje smeuïge rillette langzaam te smelten in de middaghitte. We vegen onze bordjes schoon met stukjes stokbrood die we daarna al keuvelend opeten. Want we zijn nog lang niet klaar met onze werklunch. Niemand is van plan het werk nu al te hervatten. We hebben tenslotte nog een uitgebreid kaasplateau te gaan. Dat staat nog wel niet op tafel, maar zowel Paul als David weten dat zulks wel snor zit bij Turf.

Als zij de borden wil innemen wordt er geprotesteerd: 'No, No, I'll just keep my plate!'

'Non, non, laisse, laisse!' De borden zijn immers glanzend schoon geveegd. Maar ja, we hebben die grappige oude kaasbordjes, met die verkeerd gespelde kaasnamen er op, toch niet voor niets op de rommelmarkt gekocht? Ondanks de tegenwerpingen zetten Turf ik onze aanwinsten op tafel. Maar de mannen hebben geen oog voor onze bric-à-brac-schatten. Het gesprek gaat alweer over de verschillende tonneliers, hun uiteenlopende manieren van vaten maken en welke eikenhoutsoorten zich het best lenen voor de wijnvatproductie.

De orkaan die ons in de winter van 2000 teisterde, heeft in ons park een dertigtal eeuwenoude eiken ontworteld. Een tonnelier uit Bordeaux heeft daar voor ons vaten van vervaardigd en nu gebruiken we naar volle tevredenheid vaten van eigen eikenhout.

Maar, wat is dat nou? Nu is waarempel ook de derde fles rosé al weer op! Zullen we misschien nog één flesje doen…? Want kaas zonder wijn, dat klinkt als een ernstige zonde. Beter natuurlijk om na deze drie flessen, even geen wijn meer te drinken, maar anderzijds: we zijn aan het werk en zijn we nou wijnmakers of niet!

Nou, vooruit dan maar weer, nog één flesje...

Yes!! Daar is Klaas met de kaas. Als grap heeft de schurk een gasmasker uit de werkplaats over z'n gezicht getrokken. David komt niet meer bij van het lachen. Die is goed!

De kazen komen van de markt in Blaye en met name de Munster is precies 'à point': hij loopt nog nét niet eigener beweging van het bord en verspreidt een penetrante rioollucht die zich vloeiend mengt met de kruidige spermageur van de Chèvre.

Turf serveert, Paul wijst aan: 'Voor mij graag een puntje van de Mont Marsan, een flintertje van de Chèvre en een piepklein stukje van de Munster.' Turf schuift drie grote stukken van elke kaassoort op Pauls bord want ze weet: 'een flintertje' wil zeggen 'een flink brok' en een 'piepklein stukje' betekent 'ongeveer de hele kaas'.

'Merci, Turf!' lacht Paul met volle mond. 'Le fromage est vraiment très bon! En het lijkt wel of deze fles rosé nog lekkerder is dan de vorige!'

Voor Klaas duurt de lunch iets te lang. Hij rijdt al een tijdje rondjes door het park op zijn pruttelende Solex.

Dan wordt het stil en blijft alleen het gezang van de vogels uit het park en het getjirp van de krekels over. Even later hoor ik hem in de verte spetteren en plonzen in het zwembad. Ontspannen hangen we achterover in onze stoelen en kijken uit over de weidse tuin vol kleurige wilde bloemen. In de verte, oprijzend uit het rood van de klaprozen, de twee palmbomen.

We kletsen wat. Over de beste manier om volgend jaar een nieuw stukje wijngaard te ontginnen. En over de kleur van de opbindtouwtjes om de kortelings geplante jonge stokken. Lichtblauw of rood?

Dan zijn onze kaasbordjes leeg. Iemand nog een stukje brood?

'Oké, d'accord,' zegt Paul en vervolgt met zijn standaard antwoord: 'Pour finir le vin.'

We drinken nog een glas en het gespreksonderwerp verlegt zich naar andere belangrijke zaken zoals het verschil tussen een saucis en een saucisson. Een lange discussie, waarbij de meningen sterk uiteenlopen en de glazen ongemerkt ledig raken. Nog een héél klein drupje wijn? Paul maakt een een breed armgebaar alsof ie een groot offer brengt: 'Oké, d'accord, pour finir le pain...'

Vies eten

Zelf ben ik zo dol op wijn, dat de wijn voor mij belangrijker is dan de gerechten. In een restaurant kijk ik altijd het eerst in de wijnkaart. Het menu kies ik achteraf, aan de hand van de wijnkeuze.

In Frankrijk gaan we vaak uit eten op een van de leukste pleintjes ter wereld: het dorpsplein van Sant-Emilion. Dat wordt integraal in beslag genomen door terrasjes. Onder een lommerrijke accacia, omringd door schilderachtige geveltjes en een kathedraal van rond de Romeinse tijd, waant men zich in een operadecor.

Je zit er verrukkelijk, met een prachtig uitzicht op het 'va-et-vient' rond het scheef aflopende pleintje. Vaste succesnummers zijn de groepjes toeristen die terugkomend van een wijnproeverij de met kinderhoofdjes geplaveide steile straatjes naar het hobbelige plein proberen af te dalen. Vooral wanneer de dames naaldhakken dragen is dat een bron van vermaak.

Het liefst zitten we op het terras van 'Marie Thérèse' vanwege een verschrikkelijk lekkere wijn die zij op de kaart heeft: 'Château La Rose Figeac' uit Pomerol, hier een steenworp vandaan. Allemachtig, wat een reus van een wijn: mooi diep donkerrood met een verrukkelijk bouquet en een zalige, lange smaak. Elke slok een feest. Alleen, het eten, daar bij Marie, is niet te hachelen!

Maar dat maakt ons niet uit. Lekker eten doen we thuis wel. Niettemin probeerden we telkens weer een menukeuze te doen van dusdanige eenvoud, dat de kok echt moeite zou moeten doen om het te verknallen.

Het ontdekken van een dergelijk gerecht was geen eenvoudige opgave want bij een vorige gelegenheid bleek zelfs een 'Omelette aux fines herbes' te hoog gegrepen: deze schotel bleek te bestaan uit eieren die gekookt noch gebakken leken, hetgeen een gelige smurrieplak opleverde die sterk deed denken aan het soort dat men 's ochtends vroeg wel op de stoep van discotheken aantreft. Maar dit keer meenden we met de 'Cotelettes d'agneau' een gelukkige gooi gedaan te hebben. Mik ze in een pan, kijk er even naar en klaar is Claude, zou je zeggen. Kan niet fout.

Mis: het schaaltje totaal verkoolde zwarte lapjes dat even later werd geserveerd, hielp ons snel uit de droom.

Toen Marie zelf even later ons tafeltje passeerde en met een stralende glimlach informeerde of alles naar wens geweest was, bekende ik, in een vlaag van roekeloze openhartigheid, dat dit niet het geval was en biechtte haar op dat we haar restaurant eigenlijk alleen maar frequenteerden vanwege die heerlijke 'La Rose Figeac'.

Haar reactie was hoogst onverwacht: géén duizend excuses, géén spontane knieval en géén 'Dan is deze maaltijd van het huis.' Niets van dat al.

Verrukt klapte zij in haar handen, en riep: 'Maar wat enig! Wat een groot compliment! Ik ga het meteen vertellen!' En ze snelde met wapperende rokken haar restaurant in, ons verbijsterd achterlatend.

Zouden onze bange vermoedens dan toch bevestigd worden dat deze kok er een boosaardig genoegen in schiep elk gerecht tot een onherkenbare prut te reduceren? Ging zij hem nu het goede nieuws brengen dat hij dankzij koppig volhouden vandaag weer een stapje dichter bij de titel 'Le plus mauvais chef de France' was gekomen?

Nog geen tien minuten later komt er een gebutste blauwe eend zwaar door z'n veren hangend door de bocht het oude dorpsplein op gieren. Krakend komt het vehikel tot stilstand en er springt een kwieke vijftiger in spijkerbroek en poloshirt op de keien.

Het is de wijnboer zelf. Gérard Despagne, eigenaar van Château La Rose Figeac. Marie had hem gebeld en hem kond gedaan van het feit dat ze twee wijnkrankzinnigen binnen had, wier roekeloze passie voor zijn wijn zo ver reikte, dat zij zelfs bereid waren de teisteringen van haar 'chef' er voor te trotseren.

De kasteelheer was direct in zijn eend gesprongen om dit fenomeen met eigen ogen te aanschouwen. Enthousiast schudde hij ons de hand en stelde zichzelf voor.

'Oh la, la…' zei hij hoofdschuddend bij het zien van onze inmiddels geledigde fles van zijn product. 'Ça va pas! Ça va pas du tout!' Daadkrachtig liep hij het restaurant in en kwam weer naar buiten met een vers geopende fles van zijn eigen 'La Rose'. Hij schoof een stoeltje aan en schonk de glazen nog eens vol.

Op het oude plein onder de met sterren bezaaide hemel hebben we tot diep in de zomernacht zitten mijmeren over wijn en wijnmaken en alles wat daarbij komt kijken.

Gérard en ik zijn nu al jaren goede vrienden en elk jaar ruilen we kisten wijn met elkaar. Eerst was het vier kisten van ons tegen één van hem, maar sinds een paar jaar is het drie van ons tegen één van hem. Dus dat gaat goed.

Er komt een dag dat we gelijk oversteken.

Wijnprijzen

'Valt een eikel uit de boom, die lijkt sprekend op je oom.'

In de opnameruimte van onze muziekstudio in Maartensdijk staan we op de vloer stampend een soundtrack voor een Yogho-Yogho-commercial in te zingen, als de rode lamp, verbonden aan de studiotelefoon, oplicht. Nog net op tijd bereik ik de telefoon: 'Bonjour, Ilja! Weet je nog dat we onze vin rouge hebben ingestuurd naar het Concours de Bordeaux?' vraagt Paul. Ik heb geen idee, maar beaam direct dat ik me het goed herinner.

'Raad 'ns wie een zilveren medaille gewonnen heeft?'

Ik hoor glimmende trots in zijn stem. 'Toch niet wij?'

'Mais si, Ilja! C'est nous!' juicht hij. 'En onze rosé La Tulipe heeft brons!'

Dus het kan. Het is mogelijk. Dat had die Robert Parker toch in een vroeg stadium al heel goed gezien! Na afloop van de Yogho-sessie bel ik David om hem het goede nieuws te vertellen.

'Congratulations, mate!' lacht hij en op de achtergrond hoor ik schelle kreten van tropische vogels, want hij struint alweer door een wijngaard in de binnenlanden van Chili.

'Dit is het bewijs dat we door kunnen gaan op de ingeslagen weg!' roept hij van ver weg in mijn oor.

Dat vind ik ook. We besluiten, teneinde de kwaliteit van onze wijn nog verder te verbeteren, voor de komende oogst minstens dertig procent van de druiven te gaan afknippen.

Met onkruidbestrijdingsmiddelen zijn we al lang geleden gestopt en we schonen de wijngaarden met de ploeg. Maar daar gaan we nu ook mee stoppen. Deze herfst nog, zal de hele wijngaard vol geplant zijn met gras. Zo zullen de wijnstokken, in de strijd om het voedsel, nog harder moeten knokken zodat ze sterker worden en geconcentreerdere druiven gaan produceren. Onze wijn kan nog veel beter worden.

Dan volgt er een jaar waarin wij in Maartensdijk keihard werken om de centjes te verdienen en in Frankrijk weer keihard werken om ze daar weer uit te geven. Maar ons zwoegen blijft niet zonder resultaat: aan het einde van een slopend jaar mogen we, moe maar tevreden, op een van de belangrijkste Franse wijnconcoursen, het 'Concours de Bourg & Blaye', een gouden medaille in ontvangst nemen. Een week later winnen we ook de 'Prix d'Excellence', voor de beste wijn van het hele concours.

Gekken

Maar niet alleen wij doen het goed, ook Arnaud de Berre, eigenaar van Château Lastours, een wijngoed in de Zuidfranse wijnstreek Corbières, is goed bezig. Arnaud is ook een buitenbeentje; idolaat van rallyrijden heeft hij de eigenaardige gewoonte om in zijn wijngaarden regelmatig proef-etappes van Parijs-Dakar te rijden. Zelf heeft hij er al een aantal malen aan deelgenomen. Tijdens de laatste rally ging er een kleinigheidje mis, waardoor hij zich tijdelijk even moest voortbewegen op krukken.

Een paar jaar geleden liet Arnaud een nieuw etiket voor z'n wijn ontwerpen. Hartstikke leuk maar, probleempje, het kon uitsluitend met de hand worden aangebracht en dat werd een beetje begrotelijk. Via de C.A.T., een instelling die zich onder andere bezighoudt met het vinden van emplooi voor geestelijk zwakbegaafden, werd een experiment gestart. Op de etiketteer-afdeling van het château zou een ploeg geestelijk en lichamelijk gehandicapten worden ingezet.

De eerste maandagochtend dat de nieuwe troupe zich meldt op het kasteel, gaat het direct mis. Het personeel begint te muiten. 'Wij willen geen mongolen hier!' en: 'Het is hier geen gekkenhuis!'

Na veel getouwtrek wordt er een compromis bereikt en uiteindelijk hompelt de troupe naar een afgelegen hoek van de hal en gaat aan de arbeid.

Hun werklust en vrolijheid leiden er echter toe dat reeds bij de lunch, als de begeleider hen in hun eigen hoek het middagmaal wil laten gebruiken, de andere werknemers beginnen te protesteren: 'Neee, niks d'r van! Geen apartheid! De gekken eten bij ons in de kantine!'

Toen na drie maanden het experiment was afgelopen en de 'handicapés' terug moesten naar hun inrichting, was het personeel zo gehecht geraakt aan 'hun' gekken, dat ze massaal in opstand kwamen. 'Wij willen onze gekken terug!!' scandeerden ze in koor.

Sindsdien behoren de handicapés tot de vaste kern van het personeel en breiden hun werkzaamheden zich gestaag uit: van etiketten plakken en flessen inpakken tot en met de pallets klaarmaken voor transport. Inmiddels hebben ze een cursus snoeien gevolgd en werken ze naar ieders tevredenheid in de wijngaarden.

Daar worden tijdens de oogst natuurlijk flauwe grappen over gemaakt in de trant van 'ze knippen de bladeren d'r af en laten de druiven zitten', maar het wonder is geschied: door de extra inzet van de handicapés is de kwaliteit van de wijn van Château Lastours omhooggeschoten! De prijs is bijna verdubbeld en de eens zo simpele landwijn staat nu op de kaart van menig toprestaurant.

Wijngeheimen

Goed nieuws! De vrouw van Paul, Beatrice, een van de weinige vrouwelijke oenologes, heeft vandaag met haar eigen wijn, Beatrice de Bordes, op het Concours de Bordeaux maar liefst twee gouden medailles in de wacht gesleept!

'Dat gaan we 'ns even stevig vieren!' roept Paul geestdriftig door de telefoon en sommeert ons direct in de auto te springen.

Dat is niet tegen dovemansoren. Nog geen vijf minuten later rollen onze wieltjes over de D112 richting Paul en Beatrice. Beladen met witte wijn en rode rozen; we gaan die lieverds eens even flink in de bloemetjes zetten.

Bij wijze van grap, wellicht een flauwe, maar ik kan het niet laten, heb ik ook een fles rode Bourgogne meegenomen. Een wereldberoemde wijnstreek welks bestaan in de Bordeaux evenwel vriendelijk doch beslist ontkend wordt.

Als we de Méhari voor Château de Bordes parkeren, komt Beatrice al lachend naar buiten gestormd. Ze is een mollige wijnboerendochter met zes bolle wangen en een wilde bos blonde krullen. Voor deze feestelijke gelegenheid heeft ze een van haar mooiste bloemetjesjurken aangetrokken en ze ziet er adorabel uit. Paul komt ook naar buiten, kust Turf en mept Klaas en mij ter begroeting krakend op de schouder.

Als we na veel gekir, gekus en 'Oh la la's' in hun woonkamer aan tafel schuiven ontkurk ik, het etiket zorgvuldig verbergend, mijn medegebrachte fles kostelijke Clos de la Roche Grand Cru van Michel Magnien uit Morey Saint-Denis, een van de allermooiste Bourgognes, waarover men ter plaatse enorm hoog van de toren blaast.

Ik hou m'n hand over het etiket en loer over mijn schouder naar links en naar rechts om me ervan te vergewissen dat we niet worden afgeluisterd. Dan buig ik me voorover en laat m'n stem een halve octaaf dalen: 'Dit is een wijn van een kleine appellation,' fluister ik, 'die hier in de Bordeauxstreek zo goed als onbekend is...'

Voorzichtig vul ik de glazen met het kostbare druivennat. 'Ik ben heel benieuwd wat jullie hier van vinden…'

Hoe vrolijk die twee ook meestal zijn, zodra het over wijn gaat, worden ze allebei bloedserieus. De wijn wordt gewalst en zorgvuldig tegen het licht gehouden. De misprijzend opgetrokken wenkbrauwen beloven al weinig goeds. Dan gaan de neuzen erin. Ze blijken het beiden wel 'ns beter geroken te hebben.

Na kritisch gesnuif, geslurp en langdurig gegorgel blijken de noeste inspanningen van Michel Magnien slechts te leiden tot magere rapportcijfers: Paul geeft een dun zesje en bij Bea kan er met moeite een half puntje meer af. De onthulling van een der meest vermaarde etiketten ter wereld brengt geen verandering in hun oordeel.

Wat ik ook naar voren breng, wat ik ook toelicht over de met zorg omgeven Bourgondische productiemethoden, de peperdure wijn uit die verwegge wijnstreek kan hen niet bekoren. Als ik hun tegenwerpingen terugbreng tot wat ze werkelijk betekenen, beluister ik tussen de regels door hoe het zit: Paul en Bea vinden eigenlijk alleen maar Bordeauxwijn lekker. Daar komt het zo'n beetje op neer.

In de Bourgogne is dat overigens niet anders: daar wordt het bestaan van de Bordeauxstreek zo niet tegengesproken, dan wel mild ontkend en het aldaar gefabriceerde product afgedaan als log en ondrinkbaar. Mogen Paul en Bea het over deze Bourgogne roerend eens zijn, twee wijnmakers op een oorkussen leidt niet per definitie tot grote eensgezindheid. Over de toekomst van de Bordeauxwijn staan hun meningen bijvoorbeeld lijnrecht tegenover elkaar. Beatrice zag graag een versoepeling van de strenge Franse wijnwetgeving die zij, gelet op de concurrentie met de nieuwe wijnlanden, als een ernstige belemmering ervaart.

'Mais non! Jamais!' protesteert Paul heftig. 'Nooit versoepelen die regels!' Hij is juist van mening dat die regels het anker vormen waarmee de kwaliteit van de Franse wijn wordt gewaarborgd: 'Wijn maken is selecteren. Niet voor niets heeft de overheid de te oogsten hoeveelheid per hectare nauwkeurig vastgelegd. Anders zou er roofbouw gepleegd worden! Makkelijk zat: zoveel mogelijk druiven aan de wijngaard te onttrekken en zo hard mogelijk uitpersen! Maar dat leidt onherroepelijk tot slappe niks-wijnen. Niet doen! Versoepeling van de regels werkt alleen maar nog meer geknoei in de hand!'

Hij buigt zich naar me toe en fluistert op samenzweerderige toon: 'Dit mag je nooit verder vertellen, Ilja, maar ik zal je een geheim verklappen...' Hij brengt zijn stem terug tot een schor gefluister: 'Sommige wijnboeren oogsten het dubbele van wat wettelijk is toegestaan. Die schaduwoogst wordt in het geniep doorgeschoven en komt uiteindelijk als Bordeaux op de markt, en...'

'Hoe werkt dat dan?' onderbreek ik hem, want daar wil ik meer van weten. Ik heb wel over dit onderwerp horen fluisteren, maar wanneer ik doorvroeg werd dat altijd direct de kop ingedrukt met een kortaf 'On parle pas.'

'Hoe dat gaat?' vraagt Paul.

Hij wenkt me nog dichterbij te komen en fluistert: 'Met een 'citerne'. Veel wijnboeren hebben een geheime ondergrondse tank ingegraven, van het soort dat ook onder pompstations zit, het aansluitputje zorgvuldig verborgen onder een struik of een...'

Beatrice pakt vlug de schaal met hapjes en zegt met net iets te harde stem: 'Iemand nog een toastje?' Maar Paul merkt de hint niet op. Gedachteloos steekt hij een cracker met foie gras in z'n mond en vervolgt verhit: 'Maar die klootzakken...' hij zet zijn woorden kracht bij door met zijn gebalde vuist een klap op tafel te geven die de glazen doet wankelen en de wijn over de randen doet golven, 'brengen de goede naam van de hele appellation Bordeaux in gevaar! Dat is de makke van veel wijnboeren van tegenwoordig! Ze willen snel geld zien. En dus maken ze maar een product waarvan de enige kwaliteit is dat het direct gedronken kan worden. Ze maken hun wijn niet, zoals zou moeten in de wijngaard, maar in de wijnkelder. Met allerlei technische trucjes weet de oenoloog er daar dan nog iets drinkbaars van te bakken, maar zo'n wijn heeft geen karakter meer. En daardoor wordt de computer veel te belangrijk en krijgt niet de wijnboer het voor het zeggen, maar de oenoloog in zijn laboratorium!'

Beatrice slaat sussend een arm om Paul heen en knikt instemmend naar ons. 'Il a raison...'

Maar Paul is niet meer te stuiten: 'Al dat soort opgeleukte wijnen smaken hetzelfde. En dat geldt ook voor heel veel wijnen uit de nieuwe wereld, die smaken toch nergens meer naar? Ja, naar suiker! Die wijnen hebben geen dynamiek! Die worden gemaakt in wijnfabrieken, door robots en computers!'

Beatrice trekt een gezicht of ze een enorme haarbal gaat uitbraken: 'Yech!! Zó'n wijn zou ik nóóit willen maken! Dat is geen wijnmaken, dat is kunstmatig een product fabriceren! Een wijnboer moet zich identificeren met zijn wijngaard. Een wijnboer moet zijn wijn zijn. Goed jaar of slecht jaar heeft daar niks mee te maken. Je wijnen zijn net als je kinderen: daar kan er best eentje bijzitten die niet helemaal deugt, maar tóch hou je van 'm! Mijn wijn herken ik uit duizenden!'

Nu worden we wel erg benieuwd. 'Waaraan herken jij je wijn dan?' daag ik haar uit, 'doe 'ns...'

Ze staat op en wil een fles van haar prijswinnende Beatrice de Bordes ontkurken.

'Ho, ho,' kom ik tussenbeide, 'zo kan ik het ook! Kom op, ogen dicht!' Met Paul loop ik naar de keuken waar we Bea's wijn, een fles van ons eigen Château de la Garde en een Château de Bordes van Paul zelf opentrekken. We vullen uit elke fles een glas en zetten de drie glazen voor Bea op tafel.

'Je mag weer kijken, chérie.' Ze tilt elk glas even op en kijkt naar de kleur. Dan pakt ze trefzeker het middelste glas, walst de inhoud in het rond, snuift, nipt en kijkt ons een voor een even peinzend aan. Ze zuigt haar wang naar binnen en annonceert met grote stelligheid: ‘Verse vijgen, witte bloemen type acacia, frambozen, zwarte bessen, kaneel, kruiden, peper, nieuw eikenhout, Frans, met soepele tannines, fraaie balans en een mooie structuur. Dit is mijn wijn.’

Even vallen we alledrie stil. Dan begint Paul langzaam in z’n handen te klappen. Ik sta paf! Het is inderdaad haar eigen wijn! Zij schenkt ons ook een glas in en we klinken lachend op haar succes. Omstandig complimenteren we haar met de verrukkelijke wijn, maar ze is zo in vervoering geraakt dat ze het nauwelijks lijkt te horen.

‘Dat is toch helemaal niet gek dat ik dat proef? De wijn is immers het bloed van de wijnboer. Er zit een heel stuk van mezelf in; al dat werk, al die moeite. Je doet alles wat in je vermogen ligt om een topwijn te maken, nachten lang, dagen lang. En toch wordt het soms niet wat je je had voorgesteld. Uiteindelijk is het de natuur die beslist. Dat laat zich niet sturen. Nou, deze hier is toevallig heel goed gelukt, merci.’

En met een koppig knikje ledigt zij haar glas. Paul woelt trots met zijn hand door haar blonde krullen en trekt haar tegen zich aan. ‘Mijn heldin! Je hebt weer helemaal gelijk, chérie! De wijn, dat is het bloed van de wijnboer. De wijnboer is de wijngaard. Zijn liefde voor de wijn geeft de meerwaarde. Wat hij ermee doet bepaalt de kwaliteit van de wijn. Hij is het die draineert om de wortels dieper naar water te laten zoeken. Hij zaait gras zodat de wijnstokwortels dieper moeten graven naar voedsel. Hij knipt blad weg zodat de druiven meer zon krijgen. Met pijn in z’n hart offert hij de helft van zijn oogst omwille van de smaakconcentratie van de wijn. In de wijngaard doet hij alles, om in de kelder niets meer te hoeven doen.’ Hij heft het glas en proost met ons. ‘En zo hoort het.’

Winter

De eerste februaridag begint goed. Het is een prachtige dag. Een stille, schone vrieskou onder een strakblauwe hemel. We zitten buiten met het château in de rug in de warme winterzon met uitzicht zo ver als het oog reikt over wijngaarden en bossen. Ver in de vallei af en toe een heldere schittering van de Dordogne.

De lunch staat klaar op de buitentafel: ijskoude oesters uit de Atlantische oceaan, zo'n zestig kilometer verderop, een warm olijfbrood, die ochtend gebakken in de boulangerie van Libourne en een harde geitenkaas van de geiten van madame Faucon, onze buurvrouw beneden aan het pad.

In de vignobles zijn de mannen bezig de wijnstokken te snoeien. Hier en daar stijgen witte rookpluimpjes op als de afknipte twijgen, de sarments, in de wijngaard worden verbrand. Soms brengt de zonnige vrieslucht een vleugje kruidige rookgeur mee van de houthaarden in het dorp.

Ik zet de punt van de kurkentrekker in een etiketloze fles eigen wijn. Een lichte rode Bordeaux van de jonge stokken op de zuidhelling van onze wijngaard.

Vier jaar duurt het voordat nieuw geplante wijnstokken wijn geven. De eerste wijn van nieuwe stokken heet 'Premier feuille'. Zo'n wijn is nog niet geschikt voor de verkoop, maar heerlijk bij de lunch.

Op het moment dat ik de kurk met een feestelijke knal uit de fles wil trekken, loopt er opeens een levensgroot ree uit het park het gazon op. Onbewust van onze aanwezigheid stapt het gracieus door het open veld.

Midden op het gazon blijft het plotseling stokstijf staan en draait haar kop naar ons toe. Nog geen twintig meter van ons vandaan. Roerloos staat het daar, zelfs het staartje beweegt niet. De zon doet haar hazelnootbruine vacht glimmen. Met grote glanzende ogen kijkt het ree ons recht aan. Het is als een bevroren filmfragment.

Ik heb sterk het gevoel dat ik nu een wens mag doen. 'Dat iedereen die ik liefheb lang en gezond mag leven,' denk ik haastig. 'Oh ja, en als het kan ook geld, liefst veel.'

Dan horen we boven ons hoofd plotseling een kreet die door merg en been snijdt. Ik herken het direct: hoog boven in de ijsblauwe hemel vliegen honderden kraanvogels over. Op weg naar nog zuidelijker.

Als ik weer naar beneden kijk zie ik nog net hoe het ree met lange sprongen verdwijnt tussen de laurierstruiken aan de overkant. Dan is het gazon weer leeg, alsof de ontmoeting nooit heeft plaatsgevonden.

Met een natte klap plenst er een grote kwak kraanvogelpoep op het plastic tafelkleed. Het antwoord op mijn wens?

Biologische boeren

We zijn een heel eind opgeschoten. We bewerken onze wijngaarden nu zo veel mogelijk organisch. We gebruiken geen onkruidverdelgers, geen insecticiden en geen kunstmest meer. Vorig jaar hebben we overwogen om een aanvraag te doen voor het 'Ecocert', een beschermd Frans predikaat dat de biologische herkomst waarborgt. Maar de vloedgolf van wurgende regelgeving die dat met zich meebrengt, heeft ons er vanaf doen zien. We willen graag biologische wijn produceren, maar we willen wel baas in eigen wijngaard blijven en de 'Ecocert' staat dat niet toe. Het milieuprobleem blijft echter onze aandacht houden.

In december 2001 ben ik door de toonaangevende Franse wijngids 'Gilbert & Gaillard' gelauwerd en ze hebben mij opgenomen in hun erelijst van 'Beste wijnboeren van Frankrijk'. Een goede reden om 'ns te kijken hoe de bio-wijnen van m'n collega-wijnboeren smaken, dus besloot ik 'ns een kijkje te gaan nemen op de 'Salon Professionel des vins Biologiques', een wijnbeurs voor biologische wijnen in Narbonne, Zuid-Frankrijk.

Bij binnenkomst wordt het direct duidelijk dat de biologische wijnbouw nog in de kinderschoenen staat: vergeleken met de Vinexpo, de grote internationale wijnbeurs in Bordeaux, is dit een kleuterschooltje. Maar dat heeft ook wel weer iets liefs. Het toch al niet bovenmaatse congresgebouwtje van Narbonne is slechts voor de helft gevuld. Rijen tafeltjes waarachter een wijnboeren-echtpaar, of een wijnboer alleen. Op tafel een kleedje, de aan de man te brengen wijn en, om te benadrukken dat het hier een natuurproduct betreft, een handje kiezelstenen, wat brokjes verdroogde aarde of een bosje afgeknipte wijntwijgen. Eén wijnboer heeft het zekere voor het onzekere genomen en een heuse wijnstok uit de grond gerukt en op z'n tafelkleed gevleid.

Aan de tafeltjes is het niet erg druk, er is alle gelegenheid om te proeven, te rochelen en te spugen. Want dat is wat je hier doet.

Hoewel het een internationale beurs betreft, zijn er, enige verdwaalde Italianen en Spanjaarden daargelaten, voornamelijk wijnboeren uit de Franse wijngebieden.

Voor de niet-Franse wijnen is weinig interesse; iedereen loopt vrolijk keuvelend voorbij deze toch zo vrolijk opgeleukte buitenlandse kraampjes. Onderling proberen de Italiaanse vakbroeders middels kaartspel en moppentappen manmoedig de stemming er in te houden, maar of ze dat de volle drie beursdagen gaan volhouden valt te betwijfelen. Opvallend is het ontbreken van geitenwollen sokken, sandalen en baarden. Wel raak ik in een klemvaste omhelzing met een zwartbesnorde dame, met harige knalkuiten en een omslag van gehaakte beddensprei, maar zij wordt prettig gecompenseerd door de kek gemantelpakte Italiaanse dametjes die heupwiegend op hoge hakjes door de gangpaden trippelen.

Op één dag proefde ik meer dan honderd biologische wijnen en ik moet zeggen, dat is geen pretje. Dat proeven vereist bovendien een speciale etiquette: je begroet de wijnboer en vraagt of je een klein drupje mag proeven. 'Une petite goutte, s'il vous plait'.

Je krijgt een schoon wijnglaasje, houdt dat op en de kraamhouder schenkt een bodempje in. Je ruikt aan het glas, kijkt naar de kleur en slurpt een slokje naar binnen. Dat spuug je dan met zo min mogelijk morsen weer uit, en dan komt het: je moet, ook al is het niet te hachelen, iets aardigs zeggen. Daartoe heeft men de keuze uit een aantal vaste termen.

Een goed begin is om met gesloten ogen een goedkeurend gekreun uit te stoten. Hierna past een bewonderend: "Mooi gespierd!" of: "Hij zit goed in z'n jas" of: "Stevig geraamte". Hoe ondrinkbaar het gebodene ook is, altijd beleefd blijven. In het allerergste geval, blik je even fronsend in het glas en mompelt dan een peinzend: 'Assez correct.' Deze laatste kwalificatie dient met mate toegepast, want hij is behoorlijk dodelijk. Als deze term tegen mij over m'n eigen wijn gebezigd wordt, heb ik altijd de neiging tot een handgemeen over te gaan, dus voorzichtig daarmee.

Bij een warrige wijnboer, die eruitzag of ie zojuist onder een geit vandaan was getrokken, proefde ik een Syrrah die zó wrang was dat de tranen me in de ogen sprongen. Met nog volle mond proestte ik: 'Intense finale!'

Had ik niet moeten doen; nu kon ik niet weg voordat hij mij z'n volledige reeks aan uilenzeikwijnen had laten doorslikken.

Maar het kan erger.

Achter een stalletje met het opschrift 'Les Délices de Corbières' zit een korte gedrongen wijnboer de krant te lezen. Hij heeft een blauw wollen trui aan, dikke borstelige wenkbrauwen en een gelooide, bijna leerachtige huid, alsof een pistoolkogel erop zou afketsen.

Uit zijn rood doorbloede biefstukoren groeien toefjes stug grijs krulhaar. Hij heeft geen nek, als was zijn hoofd met een dikke keilbout direct op zijn vierkante schouders geschroefd. Het enige dat hij te verhandelen heeft is een hoeveelheid smoezelig ogende flessen met handgeschreven etiketten. In een vlaag van alcoholische waaghalzerij, vraag ik om een 'petite goutte'.

Hij komt overeind en mijn oog wordt getroffen door een paar Popeye-achtige onderarmen, zo dik dat je er in afgehakte vorm twee riante paraplubakken aan over zou houden. Met een dikke hand waar een gouden trouwring diep in het vlees van een van zijn worstvingers snijdt, trekt hij met een ploppend geluid de kurk van een fles. Omzichtig vult hij een wijnglas met een traag stroperig vocht.

Ik knik ten bewijze van dank en houd het glas omhoog tegen het licht der tl-buizen. De vloeistof is geheel ondoorzichtig en heeft de kleur van geronnen bloed. Behoedzaam breng ik het glas naar mijn neus en besnuffel de inhoud. De geur houdt het midden tussen verschaalde urine en lauwwarme pens.

Op dat moment passeert een mij bekende wijnboer. In het voorbijgaan schudt hij me de hand. In de verwarring neem ik per ongeluk een veel te grote slok. Van schrik slik ik het goedje pardoes door. Er verstrijken enige ogenblikken gedurende dewelke er niets gebeurt. Dan trekt mijn maag zich plotseling samen en komt er diep van onderuit een pulserend spasme opzetten dat zich met grote kracht door mijn halfopen mond naar buiten wil spuiten. Met alle kracht die in mij is hou ik mijn peristaltiek in bedwang en weet tussen mijn met kracht opeengeklemde kaken uit te brengen: 'Stevige structuur!' Met mijn handen om mijn maag geslagen stamel ik nog: 'Heerlijk fruitig!'

De kraamhouder slaat mijn capriolen met grimmige afkeuring gade en met een houding die gekwetste trots uitdrukt duwt hij de kurk weer op de fles. Met het zuur achter m'n tanden probeer ik het middels een vertwijfeld 'Mooi product!' nog goed te maken. Maar het is te laat, hij is alweer hoofdschuddend verdiept in z'n krant.

Bourgogne

Het meest benieuwd was ik eigenlijk nog, hoe ze het milieuvraagstuk nou in probleemgebied nummero één aan zouden pakken: de Bourgogne. Met al die piepkleine wijngaardjes die jaar in jaar uit bedolven worden onder de kunstmest en de onkruidverdelger. Zouden ze dat nog steeds zo doen?

Denkend aan de Bourgogne overviel mij de droefzoete herinnering aan ons 'Kleine Frankrijkie'. Dit zou een goede gelegenheid zijn om eens heimelijk langs ons eerste liefdeshuisje te rijden. Kijken wie daar nu wonen. Misschien onze vroegere buurtjes Jacques en Claudette op te zoeken en in hun keuken weer eens van zo'n onvergetelijke Bourgondische maaltijd te genieten. Goed idee!

Een maand later zoeven we Beaune binnen. Tijdens de beroemde jaarlijkse wijnveiling is het hier zo druk, dat de brandweer de duizenden toeristen middels dranghekken buiten de oude straatjes moet zien te houden, maar nu heerst er een dromerige stilte. Op het grote plein voor de Hospices de Beaune is diezelfde brandweer de enige attractie: met de ladderwagen tot het uiterste puntje uitgeschoven, zijn de gehelmde helden bezig een poesje uit de dakgoot van de kerk te ontzetten.

Wij hebben een afspraak met Frédéric Drouhin, achterkleinzoon van Joseph Drouhin, grondlegger van een van de grootste wijnhuizen van de Bourgogne. Omzet, pak 'm beet, dertig miljoen euro per jaar.

Naast ons staat een oude wijnboer. Weet hij misschien waar het wijnhuis Drouhin gevestigd is? 'C'est pas ici! C'est au zône industrielle!' Maar hij vergist zich: het hoofdkwartier van Maison Drouhin bevindt zich wel degelijk hier. En wel om de hoek, waar we bijkans van de stoep geduwd worden door twee getatoeëerde mannen in T-shirts die een vervaarlijk vat Chambolle-Mussigny voor zich uit rollen. Ze laten het gevaarte verdwijnen in een kelderluik dat de artiesteningang blijkt van een uitgebreid gangenstelsel dat het volledige centrum van Beaune ondergraaft.

Bij de hoofdingang, een etage hoger, worden we opgewacht door Frédéric Drouhin. Een lange bleke jongeman met een mager gezicht. Vriendelijk maar gereserveerd. Hij draagt een strak gesneden kostuum van een onbestemde kleur die onder een bepaalde lichtval goud-achtig opglimt. Na een vormelijke begroeting overhandigt hij me alvast een rode map met het opschrift 'Press kit' zodat ik thuis kan uitvlooien hoe de driehonderdduizend flessen die Drouhin jaarlijks produceert, verdeeld zijn over de negen Bourgondische appellations.

Gebukt gaat de lange man ons even later voor, de eeuwenoude wijnkelders in. Onze voetstappen galmen hol in de schier eindeloze gangen die van het ene gewelf naar het andere leiden. De muren zijn bedekt met vochtige zwarte schimmelplekken. Hier worden de kroonjuwelen van Drouhin gekoesterd: honderden vaten en duizenden flessen van de beroemdste Bourgognewijnen. In tegenstelling tot de zinderende warmte van de stad boven ons, heerst hier een steenkoude stilte die ons doet huiveren in onze luchtige zomerkleding.

Bij het licht van een kaal peertje hamert Drouhin met een resoluut gebaar de stop uit een vat Puligny Montrachet en laat ons middels een antieke glazen pipet nippen van de inhoud. Het vat herbergt, net als alle andere vaten in deze kelder, 225 liter wijn waar straks in de winkel minimaal veertig euro de fles voor betaald zal moeten worden. In dit ondergrondse complex is dat overigens nog een kelderkoopje, want onder het aanpalende gewelf ligt een rij vaten vol Gevrey-Chambertin Premier Cru. Over een paar jaar zal een Japanner zich gelukkig prijzen als hij er een fles van in de wacht sleept voor minder dan honderd euro.

Deze vaten vloeibaar goud liggen gek genoeg in dezelfde kelder als vaten van aanmerkelijk eenvoudiger komaf. Fraude lijkt dus een betrekkelijk voor de hand liggende optie. Even een beetje mixen en klaar. Drouhin schrikt zich wild bij de suggestie alleen al: 'Jaren geleden heeft een Duitse wijnhandelaar bij mij een aantal vaten Chablis besteld om die vervolgens in Duitse kelders aan te lengen met Liebfraumilch en als Chablis Grand Cru op de markt te brengen.'

Voor het eerst speelt er een zuinig lachje om zijn lippen als hij zegt: 'Dat was heel dom van die man. Dat is streng verboden en hij is zwaar gestraft.'

In een wijnton gespijkerd en in de krater van de Vesuvius gegooid? wil ik nog vragen, maar zijn van elke vorm van humor gespeende gelaat weerhoudt mij; ik maak maar beter geen grapjes met deze jeugdige wijnkeizer...

In de Bourgogne bezit de gemiddelde wijnboer vier hectare. Drouhin heeft er vijfenzestig en is daarmee een gigant. Als 'négociant-éleveur' vinifiëert en verkoopt Drouhin niet alleen wijn van eigen wijngaarden, maar ook die van andere boeren.

Frédéric is een moderne jonge wijnmanager die nuchter filosofeert over de nieuwe ontwikkelingen in de wijnbouw: 'We hebben jarenlang geluisterd naar wetenschappers die zeiden je moet dit product gebruiken en je moet dat middel gebruiken, maar al het leven verdween uit de wijngaard. Elk jaar moesten we méér chemicaliën gebruiken. Die ook steeds duurder werden. Zo'n chemieverslaving is iets waar je maar heel moeilijk van kunt afkicken.'

Hij steekt zijn antieke pipet in een ander vat en vult onze glaasjes met een goudgele straal Meursault. Ik neem respectvol een nipje: een godendrank. Geen haar op mijn hoofd die er aan denkt om het uit te spugen.

'Het is een hele zware beslissing,' vervolgt Drouhin zijn exposé, 'om de bescherming die chemie je biedt, overboord te zetten. Maar heb je die stap eenmaal genomen, dan worden de wijnplanten al snel superieur aan hun door bestrijdingsmiddelen verzwakte soortgenoten. Die hebben bij het minste hagelbuitje onvoldoende weerstand om zich te herstellen. Dat komt omdat een wijnplant, alvorens suiker te gaan produceren, eerst zichzelf herstelt. Daarom zal een door hagel getroffen wijngaard dunne, zurige wijn opleveren met een smaakpalet van regenwater.'

Hij kijkt me scheef aan of ik het nog volg. Met een mond vol Meursault brom ik instemmend en probeer zo intelligent mogelijk te kijken. Dan vervolgt hij: 'Drie jaar geleden zijn we gestopt met onze chemieverslaving. Daarmee hebben we het leven teruggebracht in de wijngaard. Maar, dat gaat wel ten koste van veel meer tijd en mankracht.'

Stiekem slik ik vlug het heerlijke slokje door en ik probeer me een voorstelling te maken van wat het betekent om op vijfenzestig hectare een diervriendelijke strijd aan te binden met de vlinderlarve en het gevreesde rode spinnetje. Het strijdtoneel op onze eigen veertien hectare is me inmiddels bekender dan me lief is...

We complimenteren onze nieuwe vriend uitvoerig met z'n verrukkelijke wijnen en ik vraag hem of zijn nieuwe milieubewuste regime een zwaardere belasting vormt voor zijn oenoloog.

Zelfverzekerd spuwt Drouhin een straaltje Meursault in het grind tussen de vaten: 'Wij zijn de overtuiging toegedaan dat wijn in de wijngaard gemaakt wordt en niet met allerlei trucs tijdens de vinificatie. De oenoloog biedt ons alleen maar de helpende hand op het moment dat moeder natuur ons even dwarszit. Voor de rest moeten we het zoveel mogelijk aan de natuur zelf overlaten. Geen pesticiden en andere bestrijdingsmiddelen meer, maar gras tussen de wijngaarden waarin rupsen en torretjes leven die de luizen opeten en de ziekten bestrijden.'

Hij verklaart vastberaden dat het hele Drouhin-bedrijf, met negenennegentig verschillende appellations van Gevrey-Chambertin tot Chablis, over drie jaar volledig bio-dynamisch wil werken.

Ik kan m'n oren niet geloven!

Ten afscheid bied ik Frédéric een fles van onze eigen Château de la Garde '99 aan. Zijn wenkbrauwen fronsen zich even bij het zien van het predikaat 'Bordeaux Supérieur', maar hij bedankt ons niettemin hartelijk en na een haastig gemompeld 'Merci et au revoir' nemen we afscheid.

Hij moet weer gaan managen. Wij mogen de zon in.

Het valt me alles mee: de bio-gedachte blijkt wel degelijk doorgesijpeld in het Bourgondisch bastion. Maar goed, hier hadden we te maken met een groot handelshuis, dat een bedrijfspolitiek uitdraagt. Maar hoe zit dat met die honderden kleine wijnboertjes die samen het grootste gedeelte van de Bourgognewijnen produceren?

Femme Spéciale

We verlaten Beaune en zetten verwachtingsvol koers naar Gevrey-Chambertin. Hoe vaak heb ik niet, net als vele andere wijnfanaten, geduldig gewacht op een passende gelegenheid om een fles met deze naam liefdevol te mogen ontkurken. Eindelijk zullen we dit vineuze bedevaartsoord met eigen ogen mogen aanschouwen.

Maar als we het beroemdste wijndorp ter wereld binnentuffen moeten we een lichte teleurstelling onderdrukken. Zijn we hier wel goed? Een paar simpele straatjes gevormd door nog geen tweehonderd huizen. Drie man en een hondenkop. Is dat nou alles? Is dit nu Gevrey-Chambertin? Is dit nu Vosne-Romanée? Is dit nu Chambolle-Mussigny? Deze dorpjes, die wijnen voortbrengen waar de liefhebber een moord voor doet, hebben de dynamiek van Etten-Leur op zondagmiddag!

Het enige dat de serene stilte verbreekt is het luie getjirp van de mussen in de zondoorstoofde dakgoot. Dat plotseling ruw verstoord wordt door een donderend geraas. Net op tijd kan ik wegduiken voor een rakelings langs m'n kruin scherende Bell 47G-3B helikopter.

Met een machtige duikvlucht wordt de wijngaard voor mijn ogen in een witte waas gehuld. De siësta van de zonnebadende bladluis wordt abrupt beëindigd door de inzet van deze 'Cropduster' met een capaciteit van twee keer vijfhonderd liter verdelgingsmiddel.

Ongeveer een kilometer verderop landt de helikopter. We scheuren er naartoe om dit mirakel van dichtbij te bekijken. Het deurtje van de heli zwaait open en er springen twee mannen in oranje overalls uit. In de reservoirs van het toestel ledigen ze een groot aantal met zwarte doodskoppen bedrukte zakken van het soort waar we onszelf gelukkig reeds lang geleden van hebben weten te ontdoen. Dit lijkt ons nou weer niet zó bio...

Ondanks de inzet van de wentelwiek is de biologische wijnbouw een onderwerp dat de Franse wijngemoederen heftig bezighoudt. Gevraagd naar zijn productiemethode zal de gemiddelde wijnboer haastig antwoorden: 'Oui, oui: bio, bio, bio!'

Bio is het motto, inderdaad. Maar of iedereen de daad bij het woord voegt is verre van zeker.

In elk geval is er een ding veranderd: het bekende argument dat het biologische gedachtegoed iets is voor zweverige dromers, is nu nergens meer te beluisteren.

We gaan naar Marianne Vivier. Tegenwoordig woont zij aan de Route des Grands Crus, de weg die alle beroemde wijndorpen van de Côte d'Or met elkaar verbindt. Zij is een van de zeer weinige vrouwelijke wijnmakers. Een lange magere sladood, met vlassig lang zwart haar. Ze woont alleen en is een beetje 'spéciale', maar ze heeft een hart van goud. Wij kopen al jaren haar wijn en ze is inmiddels een goede bekende van ons.

Ofschoon we onaangekondigd aan komen waaien ontvangt zij ons met open armen. Ze kust me maar liefst vier keer op beide wangen, waarbij ik haar vrij manifeste mondgeur maar even voor lief neem. Op de tweeënhalve hectare wijngaard die zij van haar vader erfde, maakt Marianne Bourgognewijnen die onder liefhebbers zeer gewild zijn. Wijnmaken was tot zo'n tien jaar geleden een mannenzaak. Mede omdat men dacht dat een vrouw in haar periode, louter door haar aanwezigheid in de wijnkelder, een hele rij volle vaten in een keer in azijn kon doen omslaan. Hoewel de meeste wijnboeren inmiddels weten dat dit in de praktijk wel meevalt, ziet men vrouwelijke wijnmakers nog altijd niet helemaal voor vol aan.

'Le problème féminin,' verzucht Marianne als we met een glaasje Fixin op het terras boven haar wijnkelder zitten.

Maar er zijn ook andere 'problèmes féminins': vaak is het de vrouw die de portemonnee beheert. Zoals in het geval van André Pernin-Rossin, viticulteur in Vosne-Romanée en maker van een van de lekkerste wijnen ter wereld: Morey-Saint-Denis Premier Cru 'Les Champs des Perdreaux'.

Zijn vrouw overleed en André hertrouwde. De nieuwe madame Pernin-Rossin zag weinig heil in de constante aanloop die gegenereerd wordt door het 'Vente et dégustation'-bord waarmee de dorpen van de Côte d'Or nu eenmaal zijn volgespijkerd. Na de zoveelste bus Japanners schijnt de nieuwe liefde met overslaande stem 'Die wijn d'r uit of ik d'r uit!' gekrijst te hebben. En het was de wijn die eruit ging. Het huis met de verrukkelijke wijn werd verkocht, de wijnstokken hebben een nieuw baasje gevonden en de familie woont inmiddels rijk en tevreden, temidden van een blinkend Vanessa-interieur, in een ruim bemeten nieuwbouwwoning zonder wijn.

Sinds Marianne haar rijtjeshuis met verkoop aan de deur in Gevrey-Chambertin verruilde voor deze bescheiden zichtlocatie aan de Route des Grands Crus, is haar verkoop explosief gestegen. In een kleine verkoopruimte naast haar vatenkelder runt zij haar éénvrouwsonderneming. Degusteren, etiketten plakken, capsuleren, dozen vouwen en dichtplakken, benevens de rest van het handwerk, snoeien, plukken en vinifiëren, doet zij allemaal in d'r uppie.

Aan de muur waarschuwt een handgeschreven kaartje dat de proever die niets koopt vijf euro verschuldigd is. Maar 'kijkekijke-nie-kope' is zelden aan de orde.

'Non, Ilja,' verzucht ze, 'iedereen koopt! Mijn grote probleem is juist dat ik veel te weinig wijn heb.'

Niettemin verdringen zich drommen wijntoeristen van verschillende pluimage voor haar boerderette. Vaak zijn het enthousiaste liefhebbers die de viticulteuse met complimenten overladen om daarna trots een doosje van zes zelfgekochte Bourgognes in de kofferbak te vleien. Bizarre uitzondering was onlangs een Japanse wijntoerist die bij het zien van de karakteristieke kelderspinnenwebben haastig een mondkapje tevoorschijn haalde en over neus en lippen plaatste. Marianne wees hem in niet mis te verstane bewoordingen de deur: 'D'r uit, monsieur! Het is hier de metro van Tokyo niet!' Haar verontwaardiging is nog altijd niet bekoeld: 'Hij mag blij zijn dat ik een vrouw ben! Want als ie dat bij een man geflikt had was ie er met kop en kont uitgesmeten!'

Marianne vraagt of wij blijven voor de lunch, maar een blik op de totaal vervuilde chaos in haar cuisine doet ons besluiten deze invitatie snel om te buigen: zullen wij haar niet liever uitnodigen voor een déjeuner in 'Le Coq d'Or' hier even verderop?

'Mais non, Ilja! Allez! Ga zitten! Ik improviseer wel even een 'déjeuner de campagne'!' Ze duwt ons in de stoelen rond de biedermeiertafel in haar salon en snelt de keuken in.

Achter de deur ontstaat een enorm tumult van rammelend kookgerei. Pannendeksels rollen over de grond en iets valt rinkelend aan scherven op de vloer.

Als het rumoer verstorven is zwaait de deur weer open. Met wapperende manen houdt Marianne trots een hardrode salami, een buitenmaats slagersmes en een bos uien omhoog: 'Lunch!' En ze voegt er dankbaar aan toe: 'Ik ben toch zó blij dat jullie er zijn!'

Ze legt de salami op het glanzend gepolitoerde tafelblad en terwijl zij met forse zaagbewegingen de worst en bijna ook de tafel halveert, vraag ik haar of zij ook 'Bio-bio-bio' is.

'Mais, oui, Ilja! Ik werk al jaren biologisch. Omdat ik een vrouw ben! Mannen zijn veel traditioneler. In het rampjaar '97 hadden alle buurmannen die veel chemicaliën gebruiken vijftig procent minder oogst. Maar ik had maar twintig procent minder! En mijn niet getroffen wijnstokken produceerden altijd nog een veel betere kwaliteit dan de hunne. Stom zijn ze, hè? Mannen... Ze kunnen niet communiceren, ze durven hun gevoelens niet te uiten, dát is hun makke...! Met mijn buurman heb ik het al helemaal niet getroffen: die heeft niet alleen een hekel aan vrouwen maar ook aan katten. Afgelopen winter heeft hij mijn lieve 'Ronron' met zijn jachtgeweer doodgeschoten. Maar ik weet wel raad met 'm hoor...'

Geheimzinnig lachend slaat ze de ramen wijdopen en plaatst een cd in haar buitensporig grote geluidsinstallatie. Even later dendert er snoeiharde Afrikaanse ghettorap over de verlaten Route des Grands Crus. Aan de overkant van de straat worden snel twee luiken gesloten. Terwijl de manshoge speakerboxen het bestek in de lade doen rammelen, vult Marianne nog eens de bourgognekelken met haar Gevrey-Chambertin Grand Cru 'Les Charmes' '98. We nippen: Wow! Verzaligd sla ik de ogen ten hemel: 'Hier wil ik wel een paar doosjes van meenemen!' brul ik boven het oorverdovende lawaai uit. Maar Marianne schudt haar hoofd: helaas. Uitverkocht.

Ik zuig m'n longen vol, hou m'n adem in en kus Marianne op beide wangen. Trots geef ik haar een fles van onze eigen Château de la Garde. In ruil overhandigt zij mij een magnum Gevrey-Chambertin Grand Cru 2000. Goeie ruil! Dit moeten we vaker doen!

Handjedrukken 2003

Gisteravond is er iets bijzonders gebeurd.

Vanaf zijn prilste jeugd laat ik Klaas winnen met handjedrukken. Niet zomaar natuurlijk, want dan is er niks aan. Nee, dat gaat met veel vertoon: eerst span ik m'n spierballen en laat hem met zijn kleine hand in mijn machtige biceps knijpen. Oei! Daar was ie altijd flink van onder de indruk! Dan beginnen we: zorgvuldig positioneer ik zijn kleine mollige armpje op tafel, vervolgens zet ik mijn grote sterke vaderarm er tegenaan.

Ik neem zijn warme handje in de mijne. Drie, Twee, Een, Nul... en drukken maar! Onder veel gesteun en gekreun en grommende verwensingen, doe ik net of hij gaat verliezen. Ik druk z'n armpje tot vlak boven zijn helft van de tafel, maar op het laatste moment laat ik m'n greep onmerkbaar iets verslappen, zodat hij, met z'n tong tussen z'n tanden van inspanning, mijn arm weer helemaal terug kan duwen op mijn helft.

Zo ver zelfs, dat mijn hand op een haar na het tafelblad raakt. Trillend hangt m'n hand een tiental seconden lang slechts een paar millimeter boven de tafel. Dan, na veel quasi tevergeefs tegenspel, laat ik onder het slaken van een machteloos gebrul, mijn hand door hem tegen het tafelblad drukken. Hij glom van trots. Elke keer opnieuw. Dertien jaar lang.

Gisteravond aten we een 'tagliatelle au basilic' op het terras van Bar de la Poste, aan het oude dorpspleintje van Saint-Émilion. Na de maaltijd zaten we met een staartje wijn en een sigaartje nog wat na te dozen in de vallende schemering. De gebarsten klok van de oude kathedraal sloeg voor de tweede keer tien langzame slagen en in een opwelling stel ik Klaas voor om een potje handje te drukken.

Maar Klaas is inmiddels geen peuter meer. Ergens, toen ik even niet oplette, is hij plotseling veranderd in een grote potige knaap. Een kop groter dan ik, met stevige spierballen, in omvang groter dan de mijne.

En toen gebeurde het: zoals altijd plaatsten we allebei onze rechterarm in een hoek van negentig graden op het terrastafeltje en sloegen onze geopende handen kletsend ineen. Drie, Twee, Een, Nul... we begonnen te drukken.

Uit alle macht probeerde ik de gespierde zoonsarm tegen het tafelplastic te drukken. Maar tevergeefs. Het lukte niet. Met geen mogelijkheid. Ik verzamelde al m'n kracht, perste uit alle macht, ik kwam geheel tegen de regels zelfs half overeind uit m'n stoel, maar ik kreeg het niet voor elkaar.

Ik liep rood aan en de aderen op mijn voorhoofd zwollen kloppend op. Ik kreunde, steunde en vloekte, maar niets hielp: met een krachtige laatste duw werd mijn arm machteloos tegen het tafelblad gedrukt. Hiermee een levensepisode definitief afsluitend.

Wereldkampioen Wijn

In 2000 haalden we alleen maar prachtige rijpe druiven binnen en dankzij de liefde en de zorg waarmee we die gevinifieerd hebben, zijn we in 2003 met die millésime bedolven onder de prijzen. Het begon met een gouden medaille op het Concours de Bordeaux, wat je zou kunnen zien als de regionale kampioenschappen.

Een week later wonnen we een gouden plak in Parijs, op het Concours Général waar alle wijnen van Frankrijk aan meedoen. De landskampioenschappen dus.

Vervolgens wonnen we diezelfde maand ook de gouden medaille op de International Wine Challenge in London.

We waren wereldkampioen.

Mission Completed

Zaterdag 6 september 2003

In zelfverkozen eenzame opsluiting zit ik al enige dagen in mijn muziekstudio. Ik moet een soundtrack componeren voor een Franse BMW-commercial en tot op heden vind ik alles wat er uit m'n vingers vloeit drie keer nix. De worm der wanhoop knaagt al en ik voel de hete adem van de faalangst in mijn nek als de telefoon gaat.

'Hè, merde! Ook dat nog!' Ik neem op en gelukkig is het David. 'Hey Ilja, get out of bed!' In Chili is het negen uur 's ochtends en hij loopt daar alweer door de wijngaarden.

'David, my man, ik bén out of bed. En al een tijdje: hier in Maartensdijk is het namelijk twee uur 's middags!'

David heeft goed nieuws. Gisteravond was er in London de

‘Grand Finale’ van de International London Wine Challenge met de uitreiking van de ‘Trophy’s’: de Oscars voor de allerbeste wijnen. Op een galadiner met honderden in smoking gestoken wijnbobo’s wordt uit de winnaars van een gouden medaille de allerbeste wijn van Bordeaux gekozen. Die ontvangt de felbegeerde ‘Trophy: Best Bordeaux Wine’.

In juli van dit jaar hebben wij met onze millésime 2000 de gouden medaille gewonnen dus we zaten in de race.

Het optreden van de openings-act is afgelopen en het toneel is weer leeg. De presentator komt naar voren en annonceert de uitreiking van de trophy voor de ‘Best Bordeaux Wine’. Hij begint het juryrapport voor te lezen en besluit met ‘...and the winner is...: Château de la Garde!’

Applaus, applaus. Het toeval wil dat er in de Médoc een château is met bijna dezelfde naam: Château Lagarde. Een hoog aangeschreven Pessac-Leognan. Bij het horen van de naam La Garde schiet de eigenaar naar voren en beklimt onder luid applaus het podium. Camera’s flitsen, uitzinnig van vreugde kust de man zijn trofee. Tot hij de naam op het bijbehorende certificaat leest.

‘Hééé, dat ben ik niet!’ roept hij verontwaardigd en vol walging duwt hij de trofee weer terug in de armen van de presentator.

Consternatie alom. De presentator maant de zaal vruchteloos tot kalmte, haalt zijn papieren uit z’n zak, kijkt er nog ’ns goed in en roept wanhopig: ‘Is mister Ilja Gort in de zaal?’ Maar die zat in Maartensdijk met Turf en Klaas een pizzaatje te eten bij de tv.

Na het weekend vloog ik met David naar London en samen hebben we de felbegeerde Trophy opgehaald.

Het was een beetje een rare dag: tien jaar geleden beloofden we elkaar de beste wijn van Bordeaux te zullen gaan maken en vandaag gaan we de internationale erkenning daarvoor in ontvangst nemen: ‘Best Bordeaux Wine’. Ons doel was bereikt.

Een grotere anticlimax is nauwelijks denkbaar: het International Wine Challenge headquarters bleek gevestigd in een achterafsteegje in Soho.

Na langdurig zoeken vonden we de ingang. We worstelden ons langs overvolle vuilcontainers en betraden een smukkig en verveloos halletje. Aan een reeds lang uit productie genomen Ikea-bureau zat een overvloedig gepiercete receptioniste. Ze bladerde kauwgomkauwend in een tijdschrift en met de telefoon tussen wang en schouder geklemd uitte ze onderwijl in plat cockney haar verontwaardiging over de misdragingen van haar vriend. Zonder haar monoloog te onderbreken reikte ze onder haar bureau, en overhandigde ons met een plastic glimlachje een kartonnen doos waarin de Trophy Best Bordeaux Wine.

De enige verrassing lag in het hotel. Een message. 'Please contact me at Sainsbury's. Best regards Ethel Wyndham, Senior winebuyer'.

We namen een taxi en een uurtje later zaten we op het hoofdkantoor van Sainsbury's, de Engelse Albert Heijn. Ethel wilde de volledige oogst van Château de la Garde opkopen. We zijn het eens geworden over een klein gedeelte, want hoe vereerd we ook met het aanbod waren, we zien onze wijn toch liever in de schappen van onze eigen Albert Heijn.

Epilogue

Het was warm. De hele dag al, zeker dertig graden. Maar nu zet de ondergaande zon de wijngaarden in een koperkleurig licht. We zitten buiten in de comfortabele stoelen op het terras met een koel glas fruitige witte wijn uit eigen wijngaard.

Een zacht briesje streelt over de immense tuin vol wilde bloemen en brengt de zoete geur van kamperfoelie en lavendel mee.

Het is stil. Alleen het getjirp van de zwaluwen hoog in de lucht valt te horen.

Ik kan een golf van melancholie niet onderdrukken.

Hoe vervliegt de tijd en hoe vervliegen al onze gevoelens met hem. De ontroering bij het zien van een kar vol druiven, of de schoonheid van een landschap. De omgewaaide ceder, de koude week zonder stroom, het diner met de veldwachter, de haat tegen de jagers.

Verliefdheid of woede. Geluk of rampspoed. Een kasteel of een droom.

Het gaat alles voorbij om op te lossen in het grote niets. Al onze druktemakerij, al onze ambities zijn, net als wijzelf, niets dan voorbijdwarrelende stofjes in de eeuwigheid.

Geniet daarom verschrikkelijk van elk moment.

Van vrouw, kind en vriend, en van mooie wijn.

In zijn nieuwste boek *Met Gort de Boer op*, beschrijft Ilja Gort op geestige wijze de geschiedenis van honderd jaar eten en drinken in Nederland.

Levend in zowel Frankrijk als Nederland, vraagt hij zich af waarom de Franse en de Nederlandse eetcultuur zo intens verschillen. Heeft Nederland wel een eetcultuur? Bestaat er eigenlijk een Cuisine Hollandaise?

Hij neemt dienst bij Jonnie Boer en samen met de grote chef gaat hij op zoek naar antwoorden. Zij ontmoeten een bont gezelschap van over het algemeen weinig toeschietelijke vrijbuiters, die zich bekwamen in jagen, villen, snoeken en andere onalledaagse activiteiten.

Via humoristische verhalen schetst Gort een verrassend beeld van een eeuw Hollandse eet- en drinkgewoontes, terwijl Jonnie Boer de klassieke streekgerechten op een eigentijdse manier vertaalt naar verrukkelijke recepten om zelf te maken. Begeleid door bijzondere wijnadviezen van vinologe Thérèse Boer en wijnboer Ilja.

Kortom, opnieuw een fantastisch leuk boek en een absolute aanrader.